KB116738

너와 나의 경제학

Good morning Good night

'굿모닝 굿나잇'은 21세기 지식의 새로운 표준을 제시합니다.
이 시리즈는 (재)3·1문화재단과 김영사가 함께 발간합니다.

너와 나의 경제학

1판 1쇄 발행 2021. 3. 1.
1판 2쇄 발행 2021. 10. 10.

지은이 이지순

발행인 고세규
편집 고정용 | 디자인 정윤수 | 마케팅 윤준원 | 홍보 박은경·이한솔
본문 일러스트 최혜진
발행처 김영사
등록 1979년 5월 17일(제406-2003-036호)
주소 경기도 파주시 문발로 197(문발동) 우편번호 10881
전화 마케팅부 031)955-3100, 편집부 031)955-3200 | 팩스 031)955-3111

ISBN 978-89-349-8832-8 04300
       978-89-349-8910-3 (세트)

홈페이지 www.gimmyoung.com   블로그 blog.naver.com/gybook
인스타그램 instagram.com/gimmyoung   이메일 bestbook@gimmyoung.com

좋은 독자가 좋은 책을 만듭니다.
김영사는 독자 여러분의 의견에 항상 귀 기울이고 있습니다.

이 책의 본문은 환경부 인증을 받은 재생지 그린LIGHT에 콩기름 잉크를 사용하여 제작되었습니다.

너와 나의 경제학

이지순 지음

ECONOMICS

사람을 위한 경제학은 어떻게 가능할까

김영사

차례

4장 세계경제를 움직이는 은밀하고 거대한 힘

5장 미래 세상과 한국경제

6장 경계해야 할 오해와 착각

경제 현상은 오묘하며 무질서한 듯 보이지만 그 바탕에 흐
르는 원리를 알면 왜 그러한 일이 벌어지는지 이해할 수 있
다. 경제 원리는 '같은 물건이면 값이 쌀수록 구매하려는 양
이 늘어난다' '능력이 뛰어난 인재일수록 받는 대우가 좋아
진다' '수출이 늘어나서 유입되는 외화의 양이 크게 늘어나
면 환율이 하락한다' '세금을 무겁게 매기면 그것에 영향을
받는 경제 활동이 위축된다'와 같은 현상의 바탕에서 작동
하는 '법칙'을 의미한다. 방금 본 사례는 모두 '수요와 공급
의 균형을 통해서 경제 활동의 크기와 그 가격이 정해진다'
는 경제 원리가 작동해서 나타난 결과다.

　하나 또는 여러 개의 경제 원리를 결합해서 이미 일어난

경제 현상을 설명하고 앞으로 일어날 경제 현상을 예측하는 데 도움을 주는 '장치'가 경제 이론이다. 가령 수요와 공급의 원리를 결합한 가격 이론을 응용해서 주택 가격의 동향을 설명하고 미래의 주택 가격 동향을 예측하는 식이다. 시중에 풀린 자금에 대한 수요와 공급에 관한 원리를 결합한 금융 이론을 응용해서 이자율이 어떤 방향으로 변화할지 예측하는 것도 그렇다. 재정 이론과 노동시장 이론을 응용해서, 정부가 세금을 더 거둬서 복지지출을 늘리면 일자리가 늘어날 것인지 줄어들 것인지 알아보는 것도 마찬가지다. 화폐 이론과 거시경제 이론을 응용해서 중앙은행이 통화량을 늘릴 때 국민소득과 물가가 어떻게 변화할지 예측하는 것이나, 중국, 일본, 미국, 유럽연합 등의 경제가 호황 또는 불황을 겪으면 그게 우리 국민의 복지수준에 어떤 영향을 줄 것인지 알아내고자 해서 국제무역 이론, 거시경제 이론, 화폐금융 이론, 노동시장 이론 등을 종합하여 고찰하는 것도 그렇다.

이 책은 현대인이 알아야 할 경제 원리에는 어떤 것이 있는지 돌아보고, 원리를 결합해서 만든 주요 경제 이론을 소개한 다음, 그것들이 현실에서 실제로 벌어지는 일을 어떻게 설명하며 또한 앞으로 벌어질 일을 어떻게 예측하는지 알아본다. 경제학을 공부하면 우리를 에워싼 환경 속에서 각자가 행하는 경제 행위가, 나와 내 가족, 이웃, 사회, 우리나라 그리고 세계경제에 대해 끼치는 영향이 무엇인지 알 수 있다. 또한 우리를 둘러싸고 일어나는 일들이 우리에게 어떤 의미를 갖는지도 이해할 수 있다. 그리고 그러한 이해를 바탕으로 우리와 우리나라 그리고 세계의 미래상이 어떻게 전개될 것인지 전망할 수 있다. 나아가서 그러한 변화가 주는 영향 가운데서 좋은 것은 더 좋게 만들고 나쁜 것은 개선하려면 우리가 무엇을 어떻게 해나가야 할지도 알아낼 수 있다.

경제학 연구는 경제 현상 관찰하기, 관찰을 통해 사실로 인식된 현상을 이해하는 데 도움을 줄 이론 만들기, 다양한 사실에 비추어서 제시한 이론이 옳은지 그른지 검증하기, 검증을 통과한 이론을 활용해서 관찰한 현상을 설명하기, 여건이 달라짐에 따라서 경제가 어떻게 변화할지 예측하기, 그대로 둘 때보다 나은 상태가 되도록 만드는 방안 찾기, 찾아낸 방안 실천에 옮기기 등으로 이루어진다.

한국은행이 2020년도 한국인의 1인당소득이 4만 달러라고 발표한 경우에, '한국인 하나가 2020년에 벌어들인 소득이 4만 달러다'가 관찰이다. 이때 '어떤 과정을 거쳐서 한국의 1인당소득이 4만 달러로 정해졌는지 설명하는 게' 이론이다. 해당 이론을 이용해서 '과거의 한국이나 현재 또는 과거의 다른 나라에서 1인당소득이 정해진 것을 제대로 설명할 수 있는지 알아보는 게' 검증이다. 검증을 통해서 해당 이론이 틀리지 않았음이 드러난 경우에 그것을 응용해서 '2021년에는 우리나라의 1인당소득이 얼마가 될까 알아보는 게' 예측이다. 이때 예측한 결과가, 예를 들어 4만 달러로 나온 게 못마땅해서 '2021년의 1인당소득을 올해의 그것보다 크게 만들려면 어떻게 해야 하는가 알아내는 게' 방안 찾기다. 그렇게 해서 찾아낸 방안을 실행에 옮기는 게 다음 단계인데 이는 경제학자가 잘할 수 있는 영역이 아니다.

이 책은 모두 여섯 개의 장으로 되어 있다. 1장에서는 경제와 경제학의 기초에 관해 설명하며, 우리가 경제학을 공부하는 중요한 이유 가운데 하나가, 어떻게 하면 모두가 잘사는 터전을 만들어나갈 수 있을지 알아내는 데 있음을 밝힌다. 2장에서는 현실 세계에서 일어나는 경제 현상의 바탕에 깔린 경제 원리 아홉 가지에 관해 알아본다. 예를 들면

'누구든 원하는 것을 다 가질 수 없다' '모든 선택에는 대가가 따른다' '사람은 합리적이다'와 같은 원리들이다.

3장에서는 이들 아홉 가지 경제 원리가 현실 경제에서 어떻게 작동하는지 알아본다. 수많은 문제 가운데서 특별히 '일과 일자리' '기업과 경제' '화폐금융과 경제' '평등과 불평등'을 사례로 들어서 살펴본다. 4장에서는 우리나라를 둘러싼 세계경제를 움직여나가는 힘에 관해서 알아본다. 그에 관하여 국력과 국가경쟁력, 국가 간 경쟁의 실제, 국제경제질서, 위기와 세계경제로 나누어서 비교적 자세하게 들여다본다. 국가 간 경쟁의 실제에서는, 자원 경쟁, 화폐와 금융 경쟁, 기술패권 경쟁을 중심으로 치열하게 전개되는 나라와 나라 사이의 경쟁 속에서 우리나라가 나가야 할 방안에 관해서 모색해본다.

5장은 미래세상과 한국경제에 관한 설명으로서, '자원, 환경, 기후' 항목에서는 자원고갈 위험과 지구온난화로 인한 환경 및 기후 재앙에 관해 알아보며, '기술변화와 대한민국'에서는 현재 빠른 속도로 발전하는 인공지능기술이 가져올 변화에 관해 알아본다. '국제정세 변화와 우리의 선택'에서는 세계 주요국의 정세 변화가 우리나라의 앞날에 어떤 영향을 줄지 알아보고, 날로 치열해져가는 국제정세 속에서 우리나라가 더욱 성공하는 나라가 되려면 우리가 무엇을 해야 할지 생각해본다. '한국적 시장경제'에서는 반복되는 위기를 맞아서 제기된 시장경제 체제에 대한 비판과 관련해서, 우리나라가 선택해야 할 것은 사회주의에 경도된 국가주도 경제 체제가 아니라 제대로 된 시장경제 체제임을 밝히고 있다.

6장에서는 경제 현실에서 한 걸음 떨어져서, 우리 모두가 경계해야 할 (경제에 관한) 오해와 착각 열 가지에 관해서 설명한다. '세상에는 공짜가 많다' '모든 게 남 탓, 마땅히 보상받아야' '평준화하면 모두가 잘산다' '공동소유가 행복한 나라로 가는 지름길이다' '이미 들인 노력을 무시하지 마라' '불로소득은 없애야 한다' '경제는 제로섬 게임이다' '경제를 보는 눈은 근시가 좋다' '정부는 전지, 전능, 전선하다' '가격 규제는 바람직한 결과를 낳는다'가 필자가 선정한 열 가지 오해와 착각이다. 그러므로 '세상에 공짜는 없다' '평준화는 퇴보의 지름길이다' '매몰비용은 무시해야 한다' '경제는 포지티브섬 게임이다' '정부는 전지, 전능, 전선하지 않다'와 같이 반대로 이해하는 게 옳다.

중요한 사항을 빠뜨리지 않으면서 되도록 간명하고 쉽게 설명하려고 노력하였다. 많은 수의 청소년이 이 책을 읽고 경제를 바르게 이해하는 눈을 갖게 되기를 소망한다. 말할 것도 없이 이 책은 오직 하나의 작은 시작에 불과하다. 필자가 다루지 않았거나 다루지 못한 주제가 많다. 가령 근래에 들어와서 근본적인 변화를 겪고 있는 신과 인간, 자연과 인간, 인간과 기계 그리고 인간과 인간 간의 관계가 미래 경제에 어떤 영향을 줄 것인지에 관해서는 논의조차 하지 못하였다. 그렇더라도 이 책을 길잡이 삼아서 경제 공부하기를 지속하면 마침내 세상의 이치를 깨우친 현인이 될 수도 있을 것이다.

미래는 남이 아니라 우리 자신이 만들어가는 것이다. 우리가 지금부터 어떠한 경제생활을 영위해 나가는가가 우리의 미래를 결정한다. 올바른 경제 지식으로 무장한 다음 매사를 합리적 결정하면서 살아간다면 성공적인 일생을 살 가능성이 높다. 그렇게 함에 있어서 나만이 아니라 이웃, 그 중에서도 불우한 처지에 놓인 이웃을 세심하게 배려하고 나누며 살아가면 좋을 것이다. 우리나라 사람 모두가 그렇게 살아간다면 대한민국이 살기 좋은 나라가 될 것이고, 세상사람 모두가 그렇게 살아간다면 온 세상이 살기 좋은 곳이 될 것이다. 설령 그게 불가능한 꿈일지라도 그것을 달성하려고 온갖 장애물을 극복하면서 노력하는 게 아름답고 가치 있는 삶의 길이다.

Good
morning
Good
night

경제란
무엇인가

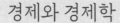

1
경제와 경제학

'경제'라고 하면 무엇이 떠오르는지 생각해보자

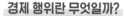

경제 행위란 무엇일까?

우리의 일상 활동 가운데 경제 행위가 아닌 것은 거의 없다. 흔히 알고 있듯 돈을 벌어 소비하는 것만 경제 행위에 속하는 것은 아니다. 사업을 하거나 취업해서 돈을 버는 일, 결혼하고 자녀를 낳아 기르는 일, 재산 관리나 은퇴 이후를 대비하는 일도 모두 경제 행위에 해당한다. 기업을 경영해 수많은 재화와 서비스를 제공하는 것 역시 경제 행위다. 세금을 걷어 공공지출을 집행하는 정부 활동도 마찬가지다. 다시 말해 한정된 각종 자원을 효과적으로 사용해 원하는 바를 달성하려 노력하는 모든 것이 바로 경제 행위다.

경제 행위를 생산, 분배, 교환, 소비, 저축 혹은 투자로 나눌 수 있다. 생산은 사람들이 원하는 재화와 서비스를 제공하는 일로 그 주체는 기업이다. 분배는 생산한 결과물을 나누는 일을 말하며 일반적으로 생산에 기여한 정도에 비례해서 분배가 이뤄진다. 교환은 재화와 서비스를 사고파는 행위로 그것을 구매해 사용하는 행위를 소비 또는 투자라고 한다. 당장의 효용 증진을 위한 지출이 소비, 현재보다 나은 미래를 만들기 위한 지출이 저축 혹은 투자다. 여기서 소비 주체는 가계고 투자 주체는 기업이다.

경제와 경제학

일정 장소에 모여 사는 사람들이 행하는 경제 행위의 모습을 경제라고 부른다. 경제는 크게 나라경제, 가정경제, 기업경제 단위로 나뉘는데 이 중 가장 중요한 것은 나라경제다. 나라경제는 그 나라의 규범과 관습, 역사, 문화, 지리, 기후, 정책 등의 영향을 받으며 그 나라 사람들의 희망과 필요 나아가 그들의 역량을 반영해 변화한다. 이는 한국경제뿐 아니라 다른 모든 나라의 경제도 마찬가지다.

경제학은 경제 행위의 바탕에서 작동하는 원리를 탐구하는 학문이다. 그 탐구 영역은 크게 다음 다섯 가지로 분류할 수 있다.

첫째, 재화와 서비스의 생산·유통이 이뤄지는 과정을 비롯해 상품과 서비스의 가격, 주택 가격과 임대료, 임금, 이자율, 환율, 물가, 국내총생산 등이 어떻게 정해지는지 탐구한다.

둘째, 농림수산업, 광업, 제조업, 서비스 산업의 성장과 쇠퇴 과정과 투자·연구개발 활동이 경제 성장과 발전에 기여하는 현상을 탐구한다.

셋째, 국제무역의 혜택과 비용을 이해하고 국제경제 변화가 국내경제에 미치는 영향을 탐구한다.

넷째, 정부가 세금을 부과하고 공공지출을 집행하는 것이 경제에 어떤 영향을 주는지 알아보고, 시중에 유통되는 돈의 양이 지나치게 많고 적은 것이 어떤 문제를 일으키는지 탐구한다.

다섯째, 왜 어떤 나라는 잘살고 어떤 나라는 못사는지, 왜 어떤 나라 경제는 성장하고 어떤 나라 경제는 정체하거나 퇴보하는지 탐구한다.

경제 주체와 경제 부문

경제 행위를 하는 당사자인 경제 주체를 몇 개 부문으로 묶을 수 있다. 이를테면 민간부문과 공공부문 또는 국내부문과 국외부문으로 묶는 식이다. 이때 민간부문은 가계와 기업, 공공부문은 정부와 공기업으로 구성된다. 국내부문은 한국의 경제 주체, 국외부문은 외국의 경제 주체로 이뤄진다.

경제 부문 사이에서 이뤄지는 거래를 중심으로 경제 활동을 이해할 수 있다. 가계는 생산수단의 원천 소유자로 그것을 기업에 제공하고 임금, 지대, 이자, 배당 등의 소득을 번다. 그리고 그렇게 벌어들인 소득을 기업이 제공하는 재화와 서비스를 구매하는 데 소비하거나 저축한다. 삶을 영위하고 개선하기 위해 재화와 서비스를 구매해 사용하는 행위가 소비고, 현재보다 더 나은 미래를 만드는 데 쓰는 행위가 투자다. 가계는 부족한 자금을 빌리기도 하고 여유자금을 빌려주기도 한다. 세대별로 보면 젊은 세대는 차입, 중장년 세대는 저축, 은퇴 세대는 저축한 재원을 헐어서 쓰는 게 일반적이다.

기업은 생산을 담당하는 주체로서 그 형태와 규모, 사업 영역이 매우 다양하다. 무엇보다 기업은 가계와 다른 기업

혹은 국외에서 생산 요소를 조달해 제품을 생산하고 그것을 가계, 다른 기업, 공공부문, 국외부문에 판매한다. 이때 판매 수입에서 비용을 공제한 이윤을 배당금과 투자자금으로 활용한다. 이러한 투자를 바탕으로 기업은 성장과 혁신을 거듭한다.

정부는 민간부문에서 거둔 세입을 재원으로 일반 행정, 국방, 교육, 보건의료, 주택, 복지, 사회간접자본 등의 공공 서비스를 제공한다. 공기업은 행정조직보다 기업조직으로 공급하는 게 나은 공공서비스를 제공한다.

경제를 흑자부문과 적자부문으로 나눌 수 있다. 수입이 지출보다 많으면 흑자, 그 반대면 적자다. 흑자부문은 여유자금을 빌려주거나 투자하고, 적자부문은 부족한 자금을 빌리거나 투자자금을 유치한다. 이때 흑자부문과 적자부문을 연결해 주는 것이 금융부문이다.

금융부문 최상위에는 중앙은행인 한국은행이 있다. 한국은행은 현금화폐의 독점적 공급자로 시중에 유통되는 화폐의 양을 조절하는 책무를 맡는다.

국내부문과 국외부문 사이에 이뤄지는 거래가 무역이다. 우리나라는 수출과 수입을 합친 것이 국내총생산과 맞먹을 정도로 무역 규모가 큰 교역 국가다. 교역 대상국은 전 세계에 걸쳐 있으며 거래하는 재화와 서비스의 종류도 매우 다양하다. 자금 거래와 인력 왕래는 물론 우리나라 기업이 국외에서 사업을 벌이기도 하고 외국 기업이 우리나라에서 사업을 벌이기도 한다.

시장

생산물, 생산 요소, 자금, 외화 등을 거래하는 곳을 '시장'이라 부른다. 상품은 백화점·마트·재래시장·구멍가게 등의 유통시장, 노동력은 노동시장, 돈은 자금시장, 외화는 외환시장에서 거래가 이뤄진다.

사고파는 사람이 모두 다수면 경쟁시장, 팔거나 사는 쪽이 하나면 독점시장, 팔거나 사는 쪽이 소수면 과점시장 그리고 다수의 판매자가 제품 차별화로 약간의 독점력을 보유한 시장을 독점적 경쟁시장이라고 한다. 구체적으로 예를 들면 전력시장은 독점시장, 자동차시장은 과점시장, 화장품시장은 독점적 경쟁시장, 증권시장은 경쟁시장이다.

판매자가 하나인 독점시장과 판매자가 적어서 담합하기 쉬운 과점시장에서는 판매자가 구매자를 '착취'할 수도 있다. 독과점 사업자가 자신의 경제력을 오용하거나 남용하면 그런 상황이 벌어진다. 반면 경쟁시장에서는 그러한 일이 발생하기 어렵다. 다수의 판매자가 치열하게 경쟁하는 상황에서는 누구도 구매자를 '부당하게' 대우하는 게 쉽지 않다. 구매자가 그러한 판매자와 거래하지 않을 것이기 때문이다. 이런 이유로 많은 경제학자가 경쟁시장을 선호한다.

개중에는 제공하는 재화와 서비스의 속성상 독점 혹은 과점 형태를 피할 수 없는 경우도 있다. 이럴 때 경쟁정책 당국이 독과점 사업자를 규율discipline해 공정한 경쟁이 이뤄지도록 유도하는 역할을 수행한다.

미시경제(학)와 거시경제(학)

경제는 크게 미시경제와 거시경제로 구분해서 이해하기도 한다. 소비자, 근로자, 생산자 등 개별 경제 주체가 행하는 경제 활동이 미시경제를 이루며 미시경제에 내재한 원리를 공부하는 것이 미시경제학이다. 미시경제에서는 특히 재화나 서비스의 가격과 거래량이 정해지는 원리를 비롯해 경제 여건이 변화할 때 그것이 어떻게 변화할지 알아내려 노력한다.

거시경제는 나라 전체 관점에서 살펴보는 경제를 말한다. 예를 들면 국민소득과 물가, 고용과 임금수준, 이자율과 자금거래량, 환율과 외환거래량 등의 거시경제 변수가 정해지는 원리나 과정을 탐구하는 것이 거시경제학이다. 동학적 측면에서는 경기변동과 경제 성장이 거시경제학의 두 가지 커다란 연구 주제다. 국내외 경제 환경과 정책 변화가 거시경제 변수에 미치는 영향을 규명하는 것 역시 거시경제학의 핵심 과제다.

경제학을 이론경제학과 응용경제학으로 나누기도 한다. 전자는 논리적이며 수학적인 방법으로 경제의 근본 원리를 탐구하는 것을 통해서 경제학을 발전시키며, 후자는 이론경제학이 제시하는 제 가설들을 실제 경제 이슈에 비추어 점검하는 것을 통해서 경제를 더 잘 이해하도록 해준다. 한편 경제의 역사를 추적해서 진실을 밝히는 분야가 경제사이고 실제 통계자료를 활용해서 경제 이론을 검증하는 분야가 계량경제학이다. 최근에 각광받고 있는 빅데이터 경제학도 계량경제학의 한 분야다.

경제를 공부함에 있어서 실증적인 명제와 규범적인 명제를 구별해서 이해하는 게 좋다. 실증명제는 경험과 자료와 통계에 비추어서 그것이 참인지 아닌지 알아낼 수 있지만, 규범명제는 그것을 주장하는 사람의 가치관을 반영하므로 실제에 비추어서 그 진위를 판단하기가 쉽지 않다. 가령 '대한민국은 자유민주공화국이다'는 실증명제로서 사실에 비추어서 맞는지 틀리는지 알아낼 수 있다. 그러나 '대한민국은 자유민주공화국이어야 한다'는 규범명제이므로 실상에 비추어서 그것의 옳고 그름을 판단하지 못한다.

또 다른 예로서 '통화량을 줄이면 이자율이 상승한다'는 실증명제이나 '정년을 70세로 연장해서 고령자의 처우를 개선해야 한다'는 규범명제다. 이처럼 실증명제는 대개 '…이다' 또는 '…가 아니다'로 끝나고 규범명제는 대개 '… 해야 한다' 또는 '… 하지 않아야 한다'로 끝난다.

경제의 장래에 관한 예측은 거의 모두 '이러이러한 조건 아래서는 저러저러한 일이 벌어진다'는 조건부 예측 conditional prediction이다. 이는 어떤 조건도 달지 않고서 미래를 예견하는 점성술과는 근본적으로 상이하다. 논란이 되는 어떤 경제 문제에 관해서 의견을 구했을 때 '이런 상황에서는 이렇고 저런 상황에서는 저렇다'라고 대답하는 게 경제학자의 바른 자세이지만 보통 사람들은 경제학자의 그런 태도에 불만을 보인다. '그러면 그렇고 아니면 아닌 것이지 무슨 조건을 다나?' 하면서 회색분자라고 질책한다. 그렇지만 그러한 비판에 굴복해서 아무런 조건 없이 그렇다 혹은 아니다 단언하는 것은 대중을 오도하는 일이다.

경제 개념 변화와 경제학 발전

경제는 어떻게 발전해왔을까?

경제와 경제 개념 변화

오늘날 지구에서 살고 있는 인류는 생물 종으로 볼 때 호모사피엔스에 속한다. 호모사피엔스가 지상에서 살아온 약 30만 년의 역사는 크게 수렵채취 시대, 농경목축 시대 그리고 산업 시대로 나뉜다. 그 기간을 보면 수렵채취 시대 약 29만 년, 농경목축 시대 약 1만 년, 산업 시대 300년 정도다.

수렵채취 시대는 전형적으로 공동소유경제였고 농경목축 시대는 노예경제였다. 이와 달리 산업 시대는 시장경제, 명령경제, 혼합경제가 공존하고 있다.

공동소유경제는 공동체가 관할하는 자연에서 나는 것을 잡거나 따거나 주워 먹고 살던 시기로 경제 활동이 정치나 사회 활동에서 아직 분화하지 않은 상태였다. 이 시기에 인류는 어떤 학문도 정립하지 못했다.

노예경제는 소수의 '주인'이 절대다수인 '머슴' 또는 '노예'들이 생산한 것을 향유하며 살아가던 시기다. 이 시대에는 농업이 가장 중요한 산업이었고 임업, 수산업, 광업 그리고 간헐적인 상업이 이것을 보완했다. 경제가 정치에 종속되어 있었기에 경제 문제는 통치술의 일부로 논의했을 뿐이며 경제학은 독립된 학문 분야가 아니었다.

산업혁명과 경제학 발달

경제학이 독립된 학문으로 성장하는 계기가 된 것이 산업혁명이다. 농경사회가 산업사회로 변화하면서 그때까지는 생각지도 못하던 경제 문제가 연달아 터져 나왔다. 이해하고 설명하고 예측해야 할 경제 문제가 빠른 속도로 늘어나자 여기에 대응하기 위해 경제학이 발전하기 시작한 것이다.

어떤 재화를 누가, 어떤 방식으로, 얼마나 생산해야 하는가? 생산 과정에 투입한 생산 요소에 따른 보상은 어떻게 결정할 것인가? 생산한 재화를 어떻게 유통하고 누가 사용할 것인가? 재화와 서비스 가격은 어떻게 정할 것인가? 이처럼 여러 가지 의문과 함께 경제 문제에 관심이 높아지면서 그 해답을 찾는 과정에서 경제학이 발달하기 시작했다.

19세기 이래 경제학은 크게 다섯 가지 분야에서 집중 연구가 이뤄졌다.

첫째, 공장제도가 확산되고 블루칼라 근로자 숫자가 급격히 늘어나면서 자본가와 노동자 사이에 계층 분화가 생기기 시작하자 노동착취 여부를 둘러싸고 첨예한 논쟁이 벌어졌다.

둘째, 공업화와 도시화가 진전되면서 농림업과 목축업과 같은 전통적인 산업 분야가 크게 타격을 받게 되자 어떻게 농업과 목축업을 보호할 것인지에 관한 치열한 논란이 전개되었다. 중농주의 학파가 대두된 것은 그에 대한 반응이었다.

셋째, 금융(산업) 발전과 함께 금융 관련 연구가 활발하게 이뤄지고 중앙은행제도가 정착하면서 화폐와 통화정책 연구가 심화되었다.

넷째, 국제무역 보편화로 국가 간 교역이나 교류와 관련해 다양한 견해가 등장했다. 특히 수출은 장려하고 수입은 억제해야 한다는 중상주의와 수출과 수입 모두 자유화해야 한다는 자유무역주의가 대립했다.

다섯째, 독과점 자본가의 횡포가 심화하면서 공정 경쟁의 중요성을 강조하는 연구가 진행되었다.

20세기 후반부터 정부의 경제적 역할이 확대되기 시작했고 이와 함께 정책 관련 연구도 활발히 이뤄졌다. 구체적으로 말해 재정정책, 복지정책, 통화정책, 금융정책, 교육정책, 노동정책, 무역정책, 산업정책, 환경정책, 주택정책, 보건의료정책 등이 새로운 연구 주제로 부상했다.

21세기 들어서부터는 경제학에 또 다른 변화의 바람이 일고 있다. 사람들을 진정으로 행복하게 만드는 게 무엇인지 규명하려는 행복경제학의 등장이 그런 사례다. 산업혁명 이래 인류가 이루어온 전례 없는 경제 발전으로 많은 이의 삶의 토대가 놀라울 만큼 개선되었지만 그렇다고 해서 거기에 버금갈 만큼 더 행복해지지는 않았다는 자각이 행복경제학을 잉태시켰다. 하루가 다르게 변화하는 신기술을 활용한 기기가 인류의 삶을 어떻게 변화시키는지를 탐구하는 인공지능경제학이 또 다른 사례가 된다. 심리경제학과 그 사촌 격인 행동경제학이 새로운 연구 분야로 부상하고 있으며, 환경 및 자원경제학, 인구경제학, 보건의료경제학, 복지경제학도 중흥의 시기를 맞고 있다.

3
경제학의 명장 열전

중요한 경제학자에는 누가 있을까?

'경제학의 아버지'라 불리는 애덤 스미스가 《국부론》 초판을 출간한 해가 1776년이라는 사실이 보여주듯 경제학의 역사는 길지 않다. 기원전부터 활발하게 전개된 철학, 논리학, 역사학, 문학, 윤리학, 심리학에 견주면 그야말로 애송이 학문이다. 하지만 지난 250년 동안 눈부시게 발전한 경제학은 오늘날 '사회과학의 여왕'이라 불리고 있다.

경제학계에 커다란 영향을 준 대학자로는 애덤 스미스, 칼 마르크스, 존 메이너드 케인스, 프리드리히 하이에크, 케네스 애로, 폴 새뮤얼슨, 밀턴 프리드먼, 게리 베커, 로버트 솔로, 로버트 루카스를 꼽을 수 있다.[1]

스미스는 18세기에 대활약한 영국인으로 경제학, 윤리학,

철학에 정통한 대학자였다. 그는 자유방임을 강조한 것으로 알려져 있지만 실은 도덕, 윤리, 공동체 정신도 자유 못지않게 중요시했다. 실제로 그는 공정한 경쟁 질서 아래 이뤄지는 자유로운 시장 경쟁이 개인과 나라를 부강하게 만드는 최선의 길임을 밝혔다. 또한 내·외부 적으로부터 시민의 생명과 재산을 지키는 일과 공공재를 공급하는 일이 정부가 담당해야 할 책무라고 주장했다. 스미스의 대표적 저술로는 《국부론》과 《도덕감정론》이 있다.

마르크스는, 모든 것의 가치는 노동에서 나오는데(노동가치설) 자본주의 경제에서는 자본가가 노동자의 몫을 착취하는 일이 빈번하게 발생하므로, 계급혁명으로 그들을 타도하고 노동자와 농민이 주인이 되는 세상을 만들어야 한다고 주장했다. 이러한 주장은 마르크스가 활동하던 당시 횡행하던 독점 자본가의 횡포에 질린 사람들의 공감을 샀다. 그의 사상은 러시아의 볼셰비키 혁명을 시발로 여러 나라로 퍼져나갔다. 오늘날 그의 이론과 사상을 있는 그대로 따르는 나라는 없지만 그의 사상을 추앙하는 사람은 여전히 많다.

---

1 스미스, 마르크스, 케인스는 노벨경제학상을 제정하기 이전 세대다. 다른 사람들은 모두 노벨경제학상을 수상했다.

마르크스의 대표작은《자본(론)》이다.

케인스는 '거시경제학의 시조'라는 평가를 받는 영국 경제학자로 20세기 초중반에 걸쳐 맹활약했다. 경쟁시장의 자율조정 기제에 맡겨두면 경제가 큰 문제 없이 잘 돌아간다고 주장한 스미스나 그의 제자들의 주장과 달리 영국과 미국을 위시한 서방국가 경제가 1920년대 말 전대미문의 대침체에 빠졌다. 시장의 자율조정 기능을 중시한 스미스의 이론으로는 설명하기 어려운 현상이었다. 이때 케인스는 경제가 극심한 불황에서 헤어나지 못하는 것은 극도로 비관적인 경제 상황 탓에 가계와 기업이 소비와 투자를 꺼리기 때문이라고 설명했다. 실업자가 넘쳐나고 재고가 쌓이고 공장가동률이 낮은 것을 보면 공급 여력은 충분하지만 소비와 투자 수요가 부족해 경제가 살아나지 않는다는 얘기였다. 이런 때 정부가 재정 지출을 늘리면 침체했던 수요가 살아나서 경제가 불황에서 벗어날 수 있다는 게 케인스의 주장이다. 케인스 이론은 근 40년에 걸쳐 거시경제학의 토대를 형성했다. 케인스의 대표적인 저술은《일반 이론》이다.

정부의 적극적인 개입을 중요시한 케인스 이론에 반론을 펼친 대표적인 학자가 하이에크다. 오스트리아 출신인 그

는 개인의 자유와 경쟁의 순기능(그중에서도 모든 것이 불확실한
상황에서도 최선의 대안을 찾아내는 시장의 능력)을 중요시했다. 하
이에크는 런던정치대학교와 시카고대학교에서 연구 활동
을 펼쳤고 말년에는 독일에서 가르쳤다. 사회주의의 폐해를
직접 목격한 그는 자유시장경제가 인간의 가치를 고양하는
최선의 경제 체제임을 설파했다. 또한 그는 정부의 간섭과
개입은 최소한의 범위에 국한할 것을 권고했다. 대표작으로
는《노예의 길》,《치명적인 자만》,《자유헌정론》이 있다.

프리드먼은 미국 경제학계의 양대 조류 중 하나인 시카
고학파의 태두다. 그는 항상소득 가설을 정립한 소비함수 이론 연구, 미국 연방은행의 통화정책 오류가 1929년 발발한 경제 위기를 전대미문의 대공황으로 이끌었다는 연구를 비롯한 화폐 이론 연구, 그리고 경제적 자유를 중시하는 연구에서 큰 업적을 남겼다. 특히 경제의 실제 상황을 판단해 그때그때 대응하는 방식의 통화정책을 지양하고 항상 일정한 속도로 통화량을 늘려가는 소위 k% 준칙을 따르는 게 최선임을 논증했다. 대표작으로《자본주의와 자유》,《소비함수론》,《미국 화폐사》(공저),《선택할 자유》(공저)가 있다.

애로는 수요와 공급, 수요·공급의 일반 균형을 바탕으로 자원배분의 효율성을 이론적으로 밝힌 천재적 경제학자다. 그는 사회적 선택과 개인적 가치 사이의 관계를 규명함으로써 공공경제학의 초석을 놓았다. 나아가 불확실성 속에서의 경제 행위 연구로 정보경제학과 금융경제학의 새로운 지평을 열었다. 애로의 대표작에는《사회적 선택과 개인적 가치》,《정보경제학》,《윤리와 경제학》이 있고 경제학 지평을 확장한 최고 수준의 논문을 다수 발표했다.

새뮤얼슨은 '현대 경제학의 아버지'로 불리며 케인스 이전과 이후의 거시경제 이론을 하나의 체계로 통합하는 데 성공했다. 그의 저서《경제학》은 수십 년에 걸쳐 경제학계의 바이블로 남았다. 주요 저서로 《경제 분석의 기초》가 유명하지만 100여 편에 이르는 주옥 같은 논문이 책 몇 권보다 더 큰 업적이라는 평가를 받는다.

베커는 인적자본 이론의 대가다. 당시 그는 경제 분석 대상으로 여겨지지 않던 결혼, 출산, 죄와 벌, 차별, 종교, 교육 등의 문제에 경제 이론을 적용해 분석함으로써 우리가 인간 사회를 올바로 이해하는 데 크게 기여했다. 한때 경제학의 제국주의자라는 비난을 받기도 했으나 지금은 모두가 그의 탁월한 업적을 기린다. 그가 인적자본 관련 연구 결과를 내놓기 시작했을 때 '어떻게 사람을 자본으로 취급하느냐'는 강한 비판을 받았지만 오늘날 인적자본의 중요성을 강조하지 않는 사람은 없다. 베커의 대표적인 저서로는 《인적자본론》, 《인간행위에 관한 경제적 접근》, 《가족론》, 《차별의 경제학》이 있다.

솔로는 현대 경제 성장 이론을 정립한 대경제학자다. '솔로 모형'이라 불리는 그의 이론은 1950년 후반부터 1980년대 중반까지 30여 년에 걸쳐 선진국의 경제 성장 현상을 이해하는 거의 유일한 이론적 플랫폼이었다. 그의 모형이 제시하는 정상 상태, 정상 상태에 이르는 과정 중의 이행 성장 그리고 정상 상태 자체를 변화시키는 혁신 성장은 경제 성장과 발전 현상을 설명하는 유용한 도구였다. 솔로의 대표 저서로는 《경제성장론》, 《노동과 복지》, 《독점적 경쟁이론》이 있고 그 외에 다수의 논문도 있다.

　루카스는 거시경제학의 두 가지 대주제인 경기변동론과 경제성장론 연구에서 일가를 이뤘다. 그가 정립한 합리적 기대 가설은 경제학에 혁명적 변화를 일으켰으며 이는 프리드먼이 주창한 준칙에 근거한 통화정책의 타당성을 논증하는 이론적 근거가 되었다. 기존 데이터를 반영한 추정 모형을 이용해 새로운 정책 효과를 예측하는 것이 오류임을 밝힌 '루카스 비판'은 정책 효과 분석 방법을 근본적으로 바꿔놓았다. 1980년대 중반부터 루카스는 경제 성장 현상을 깊이 연구해 인적자본을 핵심 요소로 하는 내생적 경제 성장 이론을 정립했다. 루카스의 대표적 저술로는 《경기변동론 연구》, 《경제성장론 강의》, 《경제동학에서의 재귀적 방법론》(공저)이 있다. 루카스 역시 저서보다 주로 논문으로 연구 결과를 발표했다.

4

오늘날의 세계경제:
한국, 미국, 일본, 중국

미국, 일본, 중국은 우리나라 경제에 어떤 영향을 미칠까?

네 나라의 1인당 국내생산 비교

다음 그래프는 과거 60여 년에 걸쳐 한국, 미국, 일본, 중국
의 구매력으로 평가한 1인당 국내생산 변화 추이를 보여준
다. 우리는 여기서 몇 가지 사실을 발견할 수 있다.

첫째, 그래프에 나타낸 기간 내내 한국, 미국, 일본, 중국
의 순위에는 거의 변화가 없다. 그때나 지금이나 미국이 가
장 잘살고 중국이 가장 못산다. 그래프를 1950년 이전 시기
로 연장해도 이 사실은 변하지 않는다. 실은 200년 전에도
미국이 가장 잘살았다.[2]

---

2 그래프에서 인용한 통계자료는 모두 '2011년도 국제가격' 즉 구매력으로 환산한 수치들이
    다. 이를 최근의 '국제가격'으로 나타내면 모든 나라의 수치가 조금씩 커진다.

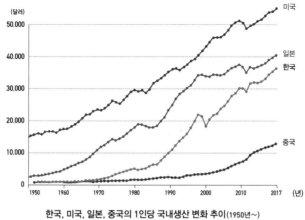

(달러)

50,000

40,000

30,000

20,000

10,000

0

1950   1960   1970   1980   1990   2000   2010   2017   (년)

미국
일본
한국
중국

한국, 미국, 일본, 중국의 1인당 국내생산 변화 추이(1950년~)

둘째, 시작 시점은 상이하지만 네 나라 모두 지속적인 경제 성장을 경험하고 있다. 각국 그래프가 상향 추세를 보이는 게 그 증거다. 그래프에서 볼 수는 없지만 미국은 1800년경부터, 일본은 1860년경부터 경제가 성장하기 시작했다. 한국은 1960년대 중반부터 경제가 본격 성장하기 시작했는데 이는 미국보다 160년 정도, 일본보다는 약 100년 늦은 시점이다. 중국은 한국보다 약 30년 늦은 1990년대부터 경제 성장의 길로 들어섰다.

셋째, 일본은 1990년경까지 선두주자인 미국을 빠른 속도로 추격했으나 그 이후에는 오히려 차이가 약간 확대되었다. 이러한 결과는 미국이 예나 지금이나 경제 성장 추세를 그대로 유지한 반면 일본은 1990년 이후 성장 추세를 유지하는 데 실패한 탓에 나타난 것이다.

넷째, 한국은 1960년대 중반부터 미국과 일본을 추격하기 시작했다. 지금 한국은 일본을 거의 따라잡았고 미국과의 차이도 크게 좁혀졌다. 그렇지만 2000년경부터 미국과의 차이를 더 좁히지 못한 채 일정한 간격을 두고 평행하게 움직이고 있다.[3]

다섯째, 중국은 만성적인 빈곤 상태에서 벗어나지 못하다가 덩샤오핑이 개혁과 개방 정책을 추진한 이래 오늘에 이르기까지 빠른 속도로 경제 성장을 이루고 있다. 덕분에 극도로 가난하던 중국은 지금 세계 평균과 맞먹는 1인당 국민소득을 올리고 있다. 하지만 그래프에 나타나 있듯 중국은 여전히 미국, 일본, 한국에 비해 현저한 차이를 보이고 있다. 특이한 것은 미국·한국과 중국의 차이가 근래에 조금 확대되고 있다는 점이다. 1인당 국내생산에 관한 한 중국이 한국은 물론 일본과 미국을 추월하는 일이 일어날 가능성은 낮다.

---

[3] 국제통화기금이 발표한 자료를 보면 구매력평가 1인당 국내생산에서 한국이 2017년에 일본을 추월한 것으로 나온다.

중국경제 부상과 한국의 현명한 대응

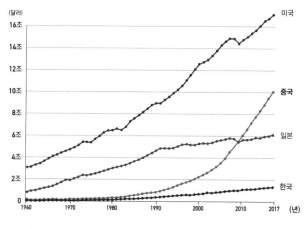

한국, 미국, 일본, 중국의 경제 규모 변화(1960년~)

위 그래프는 1960년 이래 한국, 미국, 일본, 중국의 국내총생산이 변화해 온 추이를 보여준다. 이를 보면 각국 경제 규모(경제력)가 어떻게 변화해왔는지 알 수 있다. 그 주요 내용은 아래와 같다.

첫째, 국가 경제력 순위가 1960년에는 미국, 일본, 중국, 한국 순이었지만 지금은 미국, 중국, 일본, 한국 순으로 바뀌었다. 일본과 중국의 순위가 역전된 것이다.

둘째, 경제 규모는 1960년에도 중국이 한국보다 컸으며 오늘날에도 그렇다. 1인당 국내생산은 한국이 훨씬 크지만 중국은 인구수에서 한국을 압도한다. 중국의 경제 규모는 지수함수 모습을 보이며 성장하는 반면 한국의 경제 규모는 선형함수 모습을 보이며 성장하고 있다. 그 결과 1960년에는 한국 236억 달러, 중국 1,279억 달러이던 국내총생산이 2017년에는 한국 1.3조 달러 그리고 중국 10.2조 달러로 그 차이가 5배에서 8배로 확대되었다.

중국의 경제 규모가 한국보다 8배 크다는 것은 그만큼 중국의 경제적 힘이 막강하다는 것을 의미한다. 중국 경제력이 지수함수 형태로 확대되고 한국의 그것이 선형함수 형태로 확대되는 현상이 이어지면 한국과 중국 간의 경제력 차이는 앞으로 더 벌어질 것이다.

셋째, 1960년만 해도 일본보다 작던 중국의 경제 규모는 2009년 일본을 추월한 이래 매년 그 차이를 확대해오고 있다. 중국경제가 일본경제를 압도한 지 벌써 10년이 넘었다. 지금도 중국과 일본의 경제 규모 차이가 빠르게 확대되는 중이다.

넷째, 중국과 미국의 차이는 2005년경까지 매년 확대되다가 이후 점차 줄어들고 있다. 미국의 경제 규모가 중국보다 1960년 2.4배, 2005년 4.0배, 2017년 1.7배 크다는 데서 그

추세를 읽을 수 있다. 경제 규모를 나타내는 앞의 그래프를 보고 멀지 않아 중국의 경제 규모가 미국의 그것을 능가하리라고 예측하는 사람이 적지 않다.

여기서 드러나는 분명한 사실은 중국이 부상하고 일본이 위축되었다는 점인데 이는 중국이 국제사회에서 목소리를 높이는 배경이기도 하다. 1인당 국내생산이 현격하게 차이가 나던 2000년경까지만 해도 중국은 한국을 경시하지 않았으나 1인당 국내생산이 1만 6천 달러에 이르면서 남한 인구와 맞먹는 수의 백만장자가 생긴 지금은 우리를 대하는 태도가 달라졌다.

2009년 경제대국 2위 지위를 중국에 내준 일본은 경제대국 1위인 미국과의 동맹관계를 더 공고히 만들어 부상하는 중국을 견제하려 한다. 한국과는 한·미·일 공조로 중국을 견제할 필요성과 자신을 추격해오는 경쟁자, 즉 한국을 물리치고자 하는 상반된 목표 속에서 갈등을 겪고 있다.

미국은 자국을 빠른 속도로 추격해오는 중국에 경계심을 드러내고 있다. 이를테면 자국 경제 혁신으로 중국과의 차이를 확대하려 노력하는 한편 일본이나 한국과의 유대를 강화하려 한다. 또한 중국 정부와 기업이 공정하면서도 자유로운 국제무역을 기본으로 하는 국제경제 질서를 준수하도록 권고하기도 한다.

미국경제의 역동성과 혁신성은 타의 추종을 불허할 정도로 막강하며 미국에는 세계 최고의 두뇌가 모여든다. 진정한 민주주의 국가이자 자유시장경제가 확고히 자리 잡은 미국은 현재의 중국경제로는 도저히 따라잡을 수 없는 강점을 지니고 있다.

사실 중국은 빈부격차와 지역격차, 정부 지원으로 겨우 버티는 수많은 부실기업, 강력한 중앙통제의 부작용, 미흡한 인권보호, 참된 민주주의 부재 등의 난제를 안고 있다. 그러한 난제를 슬기롭게 풀어나가면서 자유민주주의와 시장경제의 원리가 확고하게 자리 잡은 평화로운 나라로 발전해 나간다면 중국도 미국에 버금가는 문명국가로 발돋움할 수 있다. 이는 산업의 시대가 시작된 이래 인류사를 주도해오던 서양 문명과 되살아나기 시작한 동양 문명이 조화를 이루어가는 새로운 역사의 출발점이 된다.

경제의
기본 원리

1
경제의 아홉 가지 기본 원리

경제를 움직이는 근본적인 힘에는 어떤 것이 있을까?

원리 1: 아무도 원하는 것을 전부 가질 수는 없다

세상에 하고 싶은 것을 다 하고 원하는 것을 모두 소유하며 살아가는 사람은 없다. 모든 것을 다 가진 것처럼 보인 진시황조차 그토록 원하던 불로장생을 누리지는 못했다. 인간의 끝없는 욕망을 채우기에는 그 수단이 부족하다. 사실 세상 모든 것은 우리가 원하는 것보다 훨씬 적게 존재한다. 모든 게 희소하다.

사람이 할 수 있는 일과 가질 수 있는 것은 처한 환경과 능력에 따라 제각각 다르다. 부유하고 능력이 뛰어난 사람은 그렇지 않은 사람보다 더 많은 것을 하거나 가질 수 있다. 그러나 부자든 빈자든 원하는 것을 다 하거나 가질 수 없기는 마찬가지다. 누구나 자기 형편이 허락하는 범위 내에서 살아가야 한다.

경제학에서는 이처럼 각자의 선택 범위를 제한하는 조건을 '제약조건'이라 부른다. 제약조건의 핵심은 주어진 예산 범위 내에서 지출하는 것에 있다. 쉽게 말해 어느 가정의 한 달 수입이 500만 원이면 지출 역시 500만 원을 넘길 수 없다는 얘기다. 물론 부족한 자금을 빌려 쓸 수도 있지만 언젠가는 갚아야 하므로 500만 원 이상 계속 지출할 수는 없다.

이러한 제약조건은 일정 시점에서는 주어진 것이지만 당사자의 노력으로 바꿀 수 있다. 가령 월급 300만 원을 받던 신입사원이 성실하게 근무해 500만 원을 받는 중견사원으로 승진했다면 한 달 300만 원이라는 예산 제약은 500만 원으로 확대된다. 한국의 1인당 국내생산이 3만 달러에서 4만 달러로 증가해 많은 국민이 더 잘살게 된 것도 하나의 제약조건 확대 사례다.

제약조건 완화는 개인, 가계, 기업, 사회, 국가 관점에서 모두 가능하다. 개인은 인적자본을 갈고닦아 더 나은 일을 할 수 있다. 가계는 저축과 자산 관리로 재산을 늘리는 것이 가능하다. 기업은 투자와 연구개발로 이익을 늘리고 내실을 다질 수 있다. 사회는 공동체 정신 함양으로 결속을 다질 수 있다. 국가는 경제 발전으로 국민이 누리는 삶의 기반을 확충하고 개선하는 것이 가능하다.

우리를 속박하는 제약조건을 차례로 없애온 발자취를 기록한 것이 곧 인류의 역사다. 최근 몇십 년을 보더라도 교통, 통신, 주거, 생활 편의시설, 보건의료, 교육, 금융 등 생활 전반에 걸쳐 이뤄진 기술 발전과 혁신 덕택에 우리는 불과 한 세대 전보다 훨씬 더 선택의 폭이 넓은 세상에서 살고 있다. 이는 우리가 제약조건을 제거하는 데 성공했음을 의미한다.

그런데 아이러니하게도 제약조건을 없애거나 약화하는 데 성공하는 바로 그 순간 새로운 제약조건이 출현한다. 어쩌면 제약조건 속에서 살아가야 하는 것이 인류의 숙명인지도 모른다.

원리 2: 모든 선택에는 대가가 따른다

가치 있는 일을 하거나 원하는 것을 가지려면 그에 합당한 대가를 치러야 한다. 저절로 되거나 공짜로 얻는 일은 없다. 설령 당장은 공짜처럼 보여도 언젠가는 혹은 누군가는 반드시 비용을 치러야 한다.

예를 들어 원하는 대학에 진학하려면 그에 상응하는 노력을 기울여야 하고, 좋은 차를 사려면 비싼 값을 치러야 하며, 좋은 동네에서 살고 싶으면 주거비를 더 쓸 각오를 해야 한다.

예산은 주어져 있는데 사고 싶거나 하고 싶은 일이 많을 경우, 어떤 것을 선택하려면 다른 것은 포기해야 한다. 바닷가로 놀러가기로 했다면 등산은 포기하고, 동해안으로 갈 작정이라면 서해안으로 가는 것은 포기하는 식이다.

어떤 것을 선택하면서 포기하는 것 가운데 가장 비싼 것의 가치를 '기회비용'이라고 부른다. 이를테면 고교 졸업 후 취업해서 벌 수 있었던 돈은 대학에 다니는 데 드는 기회비용에 속한다. 시간당 임금이 6만 원인 사람이 출퇴근하는 데 두 시간이 걸리는 곳에서 산다면 그는 교통비 외에 시간의 가치 12만 원을 기회비용으로 쓰는 셈이다.[4]

어떤 일을 하든 우리가 지불하는 진정한 대가는 수중에서 나가는 돈의 액수가 아니라 기회비용임을 기억해야 한다.

---

[4] 출퇴근하는 두 시간 동안 생산적인 일을 하지 못할 경우 그렇다.

거래에서는 대부분 사고파는 가격이 기회비용이므로 문제
될 것이 없지만 그렇지 않은 경우도 적지 않으므로 주의가
필요하다. 기회비용을 정확히 산정했다면 하지 않았을 일을
행하는 것은 희소자원을 잘못 사용하는 것이다.

원리 3: 인간은 합리적이다

"인간은 합리적인 동물이다."

아리스토텔레스 이후 많은 철학자가 이렇게 주장해왔다.
우리는 보통 비용이 동일할 경우 혜택이 가장 큰 것을, 혜택이 동일할 경우 비용이 가장 적게 드는 것을 선택한다. 혜택과 비용의 크기가 상이한 대안이 여럿일 때는 혜택에서 비용을 뺀 순혜택 크기가 가장 큰 것을 선택한다. 그리고 이것을 합리적이라고 본다.

때로 우리는 본능과 충동에 따르거나 전통 혹은 관습을 지키느라 타인의 눈길을 의식하기도 한다. 하지만 그보다 더 나은 대안이 있음에도 불구하고 스스로 손해를 감수하면서 그런 행동을 반복하지는 않는다. '한두 번은 속일 수 있으나 계속해서 속일 수는 없다'거나 '일부는 속일 수 있으나 전부를 속일 수는 없다'라는 명제가 성립하는 것은 사람들이 합리적이기 때문이다.[5]

하고자 하는 일 또는 거래하려는 대상의 정보가 부족하거나 잘못되어 혜택과 비용의 크기를 특정하기 어려울 때는 순혜택이 가장 큰 것을 선택하는 게 어렵다. 설사 그럴지라도 주어진 정보 내에서 최선의 방안을 선택하려 노력하는 것이 합리적이다. 나아가 선택 대상에 관해 보다 정확한 정보를

---

5 "모든 이를 이따금 속이거나 어떤 이를 늘 속일 수는 있지만 모든 이를 계속해서 항상 속이지는 못한다." 이것은 링컨 대통령의 연설에 들어 있는 말이라고 알려져 있으나 증거가 불충분하다.

획득하려 애쓰고 혜택과 비용의 크기를 더 정확히 산정하려 노력하는 게 합리적이다. 다만 추가로 기울이는 노력에 비해 추가로 얻을 혜택이 크지 않다면 하지 않는 것이 낫다.

우리가 어떤 일을 할 때 그 결과가 언제나 원하는 대로 나오는 것은 아니다. 수많은 일이 불규칙하게 영향을 미치고 때로는 우리가 비합리적으로 행동하기 때문이다. 그런 이유에서 경제학자는 개개인의 행동에 따른 결과를 매번 정확히 예측할 수는 없지만 수많은 사람이 같은 일을 할 때 나오는 결과가 무엇인지는 비교적 정확히 예측할 수 있다고 본다. '대수의 법칙law of large numbers'이 작용하는 까닭에 그렇다.

원리 4: 인간은 인센티브를 따른다

인간은 사회적 존재로 자신이 속한 사회가 정한 룰rule을 따르며 살아간다. 가정에서는 가훈을 따르고, 학교에서는 교훈을 따르며, 직장에서는 회사 규정을 따른다.

나라가 정한 룰을 따르는 것은 그 나라에서 살아가는 모든 이의 의무다. 헌법과 그것을 모체로 파생한 각종 법령과 행정 명령은 모두가 지켜야 하는 룰이다. 국가 간의 교역과 교류가 일상화한 오늘날에는 국제(경제) 질서를 준수할 부담도 진다.

인간의 경제생활을 규율하는 룰을 '인센티브 시스템'이라 부르는데 이는 우리가 어떤 것을 함으로써 얻는 혜택과 비용의 크기를 규정하는 장치다. 인센티브는 대개 금전적 혜택과 비용 형태로 주어지지만 명예와 평판 또는 불명예와 경멸 같은 비금전적 형태로 주어지는 경우도 많다.

　인센티브는 어떤 행위를 장려하거나 억제하는 형태로 나타나므로 이를 상과 벌로 이해할 수도 있다. 개인에게는 열심히 노력해서 좋은 결과를 얻는 게 상이고 게으름을 피우다가 나쁜 결과를 얻는 게 벌이다. 기업에게는 경영을 잘해서 이익을 내는 게 상이고 잘못해서 손실을 입는 게 벌이다. 국가에게는 경제 정책을 잘 펼쳐서 국민이 행복하게 살아갈 터전을 만드는 게 상이고 국가경영에 실패해 국민을 어려운 처지에 빠뜨리는 게 벌이다.

　인간은 누구나 인센티브에 반응한다. 어떤 행위를 장려하면 그렇지 않았을 때보다 그 일을 더 하고, 어떤 행위를 억제하면 그렇지 않았을 때보다 그 일을 덜 한다. 상을 주면 더 하고 벌을 주면 덜 하는 게 인지상정이다.[6]

6　동식물도 인센티브에 반응하지만 그들이 의식적으로 그렇게 하는지는 정확히 알려지지 않았다.

정부는 인허가, 보조금 지급, 세금 부과, 규제와 간섭 등으로 어떤 일을 허용 혹은 금지하거나 장려 또는 억제한다. 정부는 스스로 정한 규칙을 강제할 수 있기 때문에 정부가 정하는 인센티브는 국민의 경제생활에 직접 영향을 준다.

경제 체제가 인센티브를 좌우한다

한 나라 안에서 이뤄지는 경제 행위를 규율하는 인센티브의 내용과 속성은 그 나라가 어떤 경제 체제를 채택하는가에 따라 달라진다. 경제 체제의 속성은 자원배분 방식을 중심으로 이해할 수도 있다.

자원배분 방식에는 크게 두 가지가 있다. 하나는 명령으로 하는 것이고 다른 하나는 자발적인 거래로 하는 것이다. 전자를 명령경제, 후자를 시장경제라고 부른다.

예를 들면 누구누구는 어디에 가서 어떤 재화를 얼마만큼 생산해 누구에게 주라는 지시대로 일하는 게 명령경제의 모습이다. 이와 달리 사람들이 자발적으로 경쟁해 누가 어디서 어떤 방식으로 얼마만큼 누구를 위해 생산할 것인지 결정하는 것이 시장경제의 모습이다.

과연 명령권자가 당사자들의 이해를 최대한 반영하는 방

향으로 매사를 처리하는 게 가능할까? 경제가 단순하던 시절에는 그게 가능했을지도 모르지만 지금은 명령으로 일을 처리하기에는 경제가 너무 복잡다단해졌다. 그러나 제아무리 복잡한 일도 참여자들이 자발적으로 거래하면 어렵지 않게 처리할 수 있다. 더구나 자발적 경쟁은 참여자 모두에게 각자가 할 수 있는 최선의 결과를 안겨준다.

명령경제는 변화에 효과적으로 대처하지 못한다. 상황이 변화하거나 변화할 것으로 예상하면 그에 부응해 자원을 재배분해야 한다. 이때 어떤 방향으로 얼마만큼 자원을 재배치하는 게 옳은지 판단할 객관적 신호가 있으면 도움을 받는다. 하지만 명령경제에는 그런 신호가 부족해 자원을 엉뚱한 곳에 사용하는 일이 빈번하게 일어난다. 반면 시장경제에서는 시장이 보내는 신호, 즉 가격이나 이윤의 변화 양상에 부응해 자원을 재배분하면 된다.

명령경제의 가장 큰 단점은 개개인의 욕구를 제대로 반영하기 어렵다는 것이다. 사람들의 욕망은 워낙 다양해서 아무리 능력이 출중한 명령권자도 개개인의 의사를 충실히 반영해 자원을 배분하는 것은 불가능하다. 그 결과 하기 싫은 일이어도 억지로 해야 하거나 마음에 들지 않아도 억지로 소비하는 일이 벌어진다. 이처럼 원치 않는 일을 억지로 하는 게 일상화하면 의욕이 떨어진다.

수학을 좋아하는 학생더러 나라에 의사가 필요하니 의학을 공부하라거나 승용차를 생산하는 기업에 군용 탱크를 생산하라고 강요하면 어떻게 될까? 개성 있는 옷을 입고 싶어 하는 사람더러 유니폼을 입으라고 명령하거나, 냉면을 먹고 싶은데 곰탕을 먹으라고 하거나, 시골에서 살려는 사람더러 도시에서 살도록 강요하면 어떻게 될까? 원치 않는 일을 하면 불만이 쌓여갈 뿐 아니라 일의 능률도 오르지 않는다. 이 경우 결국 경제가 위축되면서 사람들의 불만만 늘어난다.

세상에는 예나 지금이나 명령경제를 선호하는 나라가 있다. 모든 일을 100% 명령으로 처리하는 나라는 없지만 나라를 운영하는 기본 틀이 명령으로 이뤄진 나라는 적지 않다. 사실 20세기 전반에 대두해 한때 세계를 양분할 정도로 강성했던 공산주의와 사회주의 국가는 모두 명령으로 자원을 배분했다. 대표적으로 소련과 그 위성국가, 개혁과 개방 이전의 중국, 북한, 쿠바 그리고 소련을 추종하던 중동·아프리카·중남미 나라는 대개 명령으로 경제를 운영했다. 그들은 왜 그렇게 했을까?

그 해답은 시장경제가 여러 가지 문제를 낳은 데서 찾을 수 있다. 시장경제가 발달할 무렵 약육강식, 사기, 폭력, 강압, 착취 같은 범죄행위가 난무했다. 무엇이든 돈으로 해결하려는 금전만능주의가 횡행했고 담합을 기반으로 한 독과점 기업가의 횡포가 끊이지 않았으며, 재력가와 권력자가 결탁해 국익을 좀먹는 일도 빈번했다. 사실 이런 일은 시장경제 자체가 나빠서라기보다 건전 경쟁을 유도하는 경쟁 질서가 형성되지 않아 생긴 것이었다. 20세기 중반 이후 경쟁 질서가 제자리를 잡으면서 위에 열거한 문제는 대부분 해결되었다.

경쟁을 바탕으로 자원을 배분하면 불가피하게 승자와 패자가 생긴다. 기회가 평등하고 과정이 공정해도 모든 사람이 승자가 될 수는 없다. 그게 경쟁의 속성이므로 수긍해야 한다고 말하기도 하지만 승자와 패자 사이의 차이가 크면 결과에 순응하기가 쉽지 않다. 기회가 평등하지도, 과정이 공정하지도 않다고 생각하면 더욱더 결과에 순응하기 어렵다. 더구나 부익부 빈익빈 현상이 그러한 인식에 불을 붙였다. 이런 상황에서 적지 않은 사람이 명령경제가 더 낫다고 생각하기 시작한 것이다.

현재 100% 명령경제나 100% 시장경제는 존재하지 않는다. 어느 나라든 두 가지를 혼합해서 사용한다. 다만 그 혼합 비율은 나라마다 다르다. 서구의 소위 자본주의 국가는 시장경제에 의존하는 비중이 높고, 러시아와 그 영향을 받은 나라 그리고 다수의 신흥국은 명령경제를 중시한다. 한 가지 분명한 사실은 시장경제 비중이 높은 나라가 명령경제 비중이 높은 나라보다 월등히 잘산다는 점이다.

원리 5: 교역은 모두에게 혜택을 준다

경제생활은 대부분 무언가를 사고파는 행위를 중심으로 이뤄진다. 물건을 사려고 할 때 그것을 파는 사람이 없거나 팔려고 하는데 사려는 사람이 없으면 낭패다. 다행히 거의 모든 상품에는 사려는 사람도 많고 팔려는 사람도 많다. 그러면 우리가 사려는 것을 제공하는 사람은 누구인가? 당연히 그것을 제공함으로써 돈을 벌려는 상인이나 기업이다. 그들 역시 자기가 팔 물건을 만들기 위해 원료나 재료를 구매하고 전기와 수돗물을 끌어다 쓰며 필요한 일손을 고용한다. 즉, 그들은 판매자인 동시에 구매자다. 물건을 사려는 사람도 무언가를 팔아 번 돈으로 그것을 사는 것이므로 사실은 판매자인 셈이다. 결국 우리는 모두 구매자이면서 동시에 판매자다.

왜 우리는 자신이 원하는 것을 직접 만들어서 사용하지 않고 남이 만든 것을 사서 쓸까? 가장 근본적인 이유는 각자가 잘하거나 좋아하는 일에 특화한 결과물을 교환해서 쓰는 것이 제각각 고립되어 원하거나 필요로 하는 것을 직접 만들어 쓰는 것보다 훨씬 낫기 때문이다. 자급자족으로는 분업과 전문화의 이점을 전혀 살리지 못하므로 경제가 발전하지 못한다. 우리가 누리는 풍요로운 삶은 분업과 전문화 그리고 교역의 산물이다.

교역에 참여하는 사람은 모두 혜택을 본다. 흔히 교역에 참여하는 사람 중 특정한 사람만 이득을 보고 나머지는 그렇지 않다고 생각하지만 이는 착각이다. 교역 대상을 잘 알고 있고 자발적으로 교역에 나선 것이라면 누구도 손해를 보면서 교역하지는 않을 것이므로, 참여했다는 사실 자체가 교역에서 이익을 얻는다는 것을 증명한다. 어떤 이는 손해인 줄 알면서도 교역했다고 주장하지만 다른 형태로 보상을 받거나 나중에 생길 더 큰 이득을 기대한 게 틀림없다.

교역은 우리의 생활수준을 높이고 교역이 없을 때보다 훨씬 더 다양하고 질 좋은 상품과 서비스를 향유하게 해준다.

교역에서 이득을 얻는다고 모든 참여자가 동일한 크기의 이득을 얻는 것은 아니다. 가령 자동차 부품 제조업자가 하나의 완성차 제조업체에만 납품해야 한다면 그 완성차 제조업자가 제시하는 교역조건을 그대로 따라야 하므로 불이익을 당할 수도 있다. 반면 부품 제조업자가 다수의 완성차 제조업자에게 납품할 실력을 갖추면 사정은 달라진다. 이 점은 국가 간 교역에서도 동일하다. 즉, 강대국이 약소국보다 더 많은 이득을 가져갈 소지가 있다. 자국 상품을 사려는 나라가 여럿이면 약소국이 이득을 적게 볼 까닭이 없지만 한두 강대국하고만 거래해야 한다면 불이익을 당할 수 있다. 국내 거래든 국제 거래든 참여자가 소수일 때는 각자가 지닌 경제력 차이가 교역조건을 결정하므로 약자가 불리해질 수 있다.

원리 6: 수요·공급 균형과 가격 결정

현대는 교환경제다. 그것도 화폐와 신용을 기반으로 한 교환경제다. 최근에는 인터넷망을 이용한 교환 거래가 빠른 속도로 증가하고 있으며 전자화폐가 교환의 매개물 역할을 하기도 한다.

어떤 물건을 사려는 사람을 '수요자' 그리고 그것을 팔려는 사람을 '공급자'라고 한다. 수요자는 최상의 조건을 제시하는 판매자에게 물건을 사고 공급자는 최상의 조건을 제시하는 고객에게 물건을 판다. 사고팔 때 고려하는 조건 가운데 하나가 가격이다. 가격 이외의 조건이 동일하다면 사려는 사람은 싸게 파는 사람을 찾고 팔려는 사람은 비싼 값을 제시하는 구매자를 찾는다. 서로 조건이 맞지 않으면 거래가 성사되지 않으며 사고팔려는 가격이 맞아떨어질 때 거래가 성립한다. 이처럼 사고팔려는 의사가 맞아떨어지는 것을 두고 '수요와 공급이 균형을 이룬다'라고 말한다.

물건 가격은 수요와 공급의 균형 과정으로 정해진다. 공급에 비해 수요가 많으면 가격이 상승하는 경향이 있고 그 반대면 가격이 하락하는 경향을 보인다. 재화는 대부분 구매자의 소득이 높을수록 사려는 양이 많아지므로 공급조건에 변화가 없으면 소득이 늘어남에 따라 그 가격이 상승한다. 어떤 상품이 유행을 탈 경우 수요가 갑자기 늘어나 가격이 올라가고 거래량이 증가한다. 반면 유행에 뒤처지는 상품은 잘 팔리지 않고 가격도 떨어지는 경향이 있다. 풍작이라 어떤 농산물의 공급량이 늘어나면 해당 작물 가격은 하락한다. 그러나 폭풍우로 과실이 익기도 전에 떨어지거나 못쓰게 되면 과일값이 올라간다. 음력으로 쇠는 추석 명절이 여느 해보다 일찍 찾아올 때 햇과일 값이 오르는 것은 공급이 수요를 따라가지 못해서다.

가격은 자원배분 신호다

수요와 공급의 균형으로 정해지는 가격은 자원배분 신호다. 어떤 상품이 계속해서 비싸게 잘 팔리면 그 상품을 생산해 공급하려는 사업자가 늘어나므로 더 많은 양의 자원이 그 부문에 유입된다. 반대로 어떤 상품이 고객에게 외면당하면 그 사업의 수익성이 떨어지므로 생산이 위축되면서 그곳으로부터 자원이 이탈한다. 가격이 보내는 신호에 따라 자원배분이 이뤄지는 것은 누가 시켜서 일어나는 현상이 아니다. 구매자는 좋은 상품을 싸게 사려 하고 판매자는 고객이 원하는 상품을 비싸게 팔려고 노력한 결과 자원이 적재적소로 흘러들어가는 것뿐이다.

가치와 가격, 소비자 잉여와 생산자 잉여

가치value와 가격price이 항상 같은 것은 아니다. 가령 어떤 물건을 10만 원에 샀을 경우 그 물건이 내게 주는 가치는 10만 원 이상이다. 내게 주는 가치가 10만 원이 안 되는데 그 가격을 지불하고 살 까닭은 없다. 그것을 10만 원에 파는 사람에게는 그 물건의 가치가 아무리 커도 판매 가격을 넘지 않는다. 가치가 10만 원이 넘는 물건을 손해를 보며 팔 이유는 없다. 이때 자신에게 주는 가치가 10만 원이 넘는 물건을 10만 원에 사는 사람과, 자신에게 주는 가치가 10만 원에 미치지 못하는 물건을 10만 원에 파는 사람 모두 그 차액만큼 이득을 본다. 이를테면 12만 원을 주어도 아깝지 않은 소비자는 2만 원 이득을 보는 셈이고, 8만 원에 팔아도 아쉬울 게 없는 장사꾼은 2만 원 이득을 본다.

사려는 사람이 어떤 물건을 손에 넣기 위해 지불할 용의가 있는 가격과 그가 실제로 지불하는 가격과의 차이를 '소비자 잉여'라고 한다. 반대로 판매자가 어떤 물건을 팔 때 적어도 이만큼은 받아야겠다는 금액과 실제로 그가 물건을 넘겨주고 받는 가격과의 차이를 '생산자 잉여'라고 부른다. 이 둘을 합쳐 사회적 잉여라고 하는데 사회적 잉여가 가장 커지도록 자원을 배분하는 것을 효율적이라고 한다. 사회적 잉여는 유용한 정보가 있는 당사자들이 자발적으로 참여해 거래가 이뤄질 때 가장 크게 정해진다.

원리 7: 때론 정부가 시장보다 낫다

정부가 하는 일

시장이 제대로 작동하지 않을 경우 시장 경쟁이 빚어낸 자원배분 결과는 사회적 잉여를 극대화하지 못한다. 이럴 때 정부가 직접 그 일을 하거나 시장에 개입해 자원배분 결과를 개선할 수 있다. 여기서 정부가 개입한다는 것은 정책으로 인센티브를 변화시키는 것을 말한다. 한편에서는 어떤 일을 허용하거나 장려하고 다른 한편에서는 어떤 일을 금지하거나 억제하는 게 정부가 개입하는 모습이다.

정부가 존재하는 이유를 이해하려면 정부가 없을 경우 어떤 문제가 발생할지 생각해볼 필요가 있다. 정부란 법률이 정하는 기능을 수행하기 위해 존재하는 공공의 조직체를 일컫는다.

정부가 없으면 누가 한 나라의 근간인 헌법과 법령을 제정하고 그것을 시행하며 이를 위반한 자를 처벌하겠는가?

정부가 없으면 누가 그 나라 국민의 재산과 생명을 보호하고 공공질서를 유지하는 임무를 수행하겠는가? 정부가 없으면 누가 공공서비스를 제공하겠는가? 정부가 없으면 누가 국가 사회의 하드와 소프트 인프라를 구축·운영·관리하겠는가? 이 같은 질문을 받으면 우리는 조금도 주저하지 않고 '그래서 정부가 필요하다'고 답한다. 바로 그렇다. 정부가 존재하는 이유는 위에서 열거한 일을 수행하기 위해서다.

정부가 하는 일 중 어떤 것은 민간부문에서도 할 수 있지만 이해충돌 문제가 따르는 탓에 정부가 수행하는 게 낫다. 또 어떤 것은 민간부문보다 정부가 더 잘하며 어떤 것은 정부가 아니면 할 수 없다.

이처럼 정부는 민간부문에 맡겨두기가 곤란한 일이나 민간부문이 해도 되지만 정부가 더 잘할 수 있는 일을 처리한다. 그뿐 아니라 정부는 민간부문에 맡겨두면 국민이 원하는 만큼 충분히 이뤄지지 않거나, 반대로 국민이 원하는 것보다 지나치게 많이 이뤄지거나, 아니면 전혀 이뤄지지 않는 일을 처리한다.

국민이 정부에 요구하는 일 가운데 하나가 복지정책 집행이다. 시장 경쟁에 맡겨두면 낙오자가 생기게 마련인데 이들에게도 사람답게 살 수 있는 기반을 마련해주는 게 정부의 책무라는 생각이 일반적이다. 처음부터 남들과 동등한 위치에서 경쟁할 수 없는 처지에 놓인 이들을 보듬는 일도 정부의 책무로 간주한다. 이는 당연한 생각이다.

재원조달

정부도 일을 하려면 재원이 필요하다. 정부라고 해서 공짜로 할 수 있는 일은 하나도 없다. 법률을 제정하고 집행하는 일, 규제정책을 입안하고 실천하는 일에는 국방이나 치안업무를 수행하는 것만큼 많은 돈이 들지 않지만 그래도 공짜로 이뤄지지는 않는다.

정부는 어떻게 재원을 조달할까? 정부의 가장 큰 수입원은 세금 징수다. 국민의 대표자가 모인 국회에서 제정한 바에 따라 정부는 여러 가지 명목의 세금을 징수한다. 공공재와 공공서비스에 따른 수수료 혹은 인지대를 받거나 국공립시설 이용료, 국공립학교 수업료 등의 대가를 징수하기도 한다. 법령을 위반한 사람들에게 징수하는 범칙금도 정부재원이다. 건강보험료, 고용보험료, 국민연금 납입금 등을 징수하는 것도 공공부문이 제공하는 서비스에 따른 대가를 징수하는 일이다.

세금이나 세외 수입으로 정부 지출을 다 충당하지 못할 경우 부족분은 차입금으로 해결한다. 수입보다 더 많은 지출을 충당하기 위해 돈을 빌리는 것이 바로 '적자재정'이다. 지금 국채를 발행해 재정적자를 메우는 것은 현재의 지출을 충당할 만큼 충분한 세금을 걷는 대신 국채상환 시점에 지출을 줄이거나 세금을 더 거둬 상환자금을 마련하겠다는 것을 의미한다. 이것은 대개 현재 세대가 미래 세대에게 세금 부담을 전가하는 결과를 낳는다.

원리 8: 경제 상황에 맞춰 통화량을 적절히 조절해야 한다

시중에 유통 중인 돈은 너무 많아도 문제고 너무 적어도 문제다. 너무 많으면 인플레이션을 일으키고 너무 적으면 경제를 침체에 빠뜨린다.

우리는 무언가를 사고팔 때 돈을 주고받는다. 돈은 금고나 은행에 넣어두고 필요할 때 찾아 쓰는 저축 수단이자 경제 활동의 값어치를 계산하는 단위다. 이는 돈이 거래의 매개물, 가치 저장 수단 그리고 계산 단위임을 말해준다. 시중에 유통 중인 돈은 모두 중앙은행이 발행한 현금화폐와 거기에서 파생한 것들이다. 얼마나 많은 양의 돈을 유통시킬 것인가는 대부분 중앙은행인 한국은행의 통화정책에 따라 정해진다. 한국은행은 경제 상황을 감안해 통화 공급량을 조절한다. 일반적으로 한국은행이 돈을 풀면 순환하는 돈의 양이 늘어나고 한국은행이 돈줄을 조이면 순환하는 돈의 양은 줄어든다.

유통 중인 돈의 양이 늘어날 경우 거래 활성화로 전반적인 경제 활동이 전보다 활발해진다. 경기가 좋지 않을 때 통화량 확대 정책에 힘입어 경제가 살아나는 것은 그런 연유에서다. 호경기라 가동률이 100%에 육박하는데도 계속 돈을 풀면 돈은 넘치는데 생산은 늘지 않아 유통 중인 재화와 서비스의 가격이 올라가기 시작한다. 이때 거의 모든 상품의 가격이 상승하는 현상, 즉 인플레이션이 발생한다.

유통 중인 돈의 양을 줄이면 실물 거래뿐 아니라 자금 융통도 어려워진다. 또한 이자율이 상승하면서 투자가 위축된다. 그런 상황에서 계속 돈줄을 조일 경우 경기침체로 실업자가 늘고 재고가 쌓이며 공장 가동률이 하락한다. 나아가

소득이 줄면서 소비가 줄어든다. 돈줄을 세게 조이면 경제를 불황에 빠뜨리고 마는 것이다.

원리 9: 경제가 발전해야 삶의 질이 높아진다

경제가 발전하면 삶의 질이 좋아지고 경제가 퇴보하면 삶의 질은 나빠진다. 경제가 정체될 경우에는 삶의 질도 정체된다. 우리를 둘러싼 제약조건을 완화하고 제거하는 가장 강력한 힘은 경제 발전에서 나온다. 앞서 우리는 '누구든 원하는 것을 전부 가질 수는 없다'라는 경제 원리를 알아보았다. 그렇지만 그것은 현재 상태에서 그렇다는 얘기고 만일 우리를 둘러싼 제약조건을 완화하거나 제거하는 데 성공하면 선택 대상과 범위는 늘어난다. 선택을 제약하는 조건을 완화하거나 제거하는 효과적인 방법이 바로 경제 발전이다.

경제가 발전하면 일자리가 늘어나고 소득이 증가하는데 이는 곧 삶의 질 향상으로 이어진다. 앞서 설명한 것처럼 구매력으로 평가한 한국의 1인당 국내생산은 1960년대 초반 2,000달러에서 현재 4만 달러 수준으로 20배 정도 증가했다. 같은 기간 일자리는 약 800만 개에서 2,700만 개로 늘어났다. 한마디로 일자리가 늘어나고 소득이 증가하면서 삶의 질이 현저하게 향상되었다. 주거, 교육, 교통, 통신, 상하수도, 보건의료, 문화와 오락, 여행, 스포츠, 성 평등, 인권 등어느 면을 보더라도 60년 전과는 비교할 수 없을 만큼 좋아졌다. 무엇보다 평균 수명이 20년 이상 늘어났다. 이 모든개선은 경제 발전이 있었기에 가능해진 일이다.

경제 발전은 인류 사회가 성취한 가장 중요한 포지티브섬 게임positive sum game이다. 다시 말해 경제 발전은 공동체구성원이 나눠 가질 수 있는 과실의 양을 늘리고 질을 높이는 효과적인 방안이다. 경제가 성장하면 모든 사람의 몫을늘릴 수 있다. 반대로 경제가 성장을 멈췄을 때 어떤 사람의몫을 늘리려면 다른 누군가의 몫을 줄여야 한다. 경제가 퇴보할 경우 나눠 가질 몫은 자연히 줄어든다.

1960년대 초에는 필리핀 사람들이 우리나라 사람보다 잘살았다. 당시에 필리핀 의과대학으로 유학 간 우리 젊은이들이 적지 않았음에서 그런 사정을 짐작할 수 있다. 그런데 지금은 우리나라가 필리핀보다 훨씬 더 부유하다. 한국은 1960년대 중반 이래 지속적으로 경제를 발전시켜왔으나 필리핀은그러하지 못하였기 때문에 양국의 처지가 역전되었다.

경제 원리의 응용:
일, 기업, 돈, 평등

1
일과 일자리

일과 일자리는 어떻게 만들어질까?

취업과 실업

우리는 누구나 좋은 곳에서 일하고 싶어 한다. 회사가 현재 하는 일이나 하려는 일이 내가 좋아하는 것이고 선배 사원들의 배려와 훈련 속에서 많은 것을 배우며, 근무 환경과 복리후생이 양호한 곳이 좋은 직장이다.

소위 일류기업에는 입사를 희망하는 구직자가 몰려오므로 회사가 원하는 인재를 채용하는 게 어렵지 않다. 이와 달리 기업의 평판이 좋지 않으면 입사 지원자가 줄어든다. 심지어 어떤 회사는 채용하려던 인원을 채우지 못하기도 한다. 영세한 기업이 구인난을 겪는 것은 그 때문이다.

일하려는 사람이 모두 일자리를 얻는 것은 아니다. 일할 사람을 구하는 기업이 항상 일자리를 다 채우는 것도 아니다. 일하고 싶은데 일자리를 구하지 못하는 사람이 있는가 하면, 일할 사람을 찾는데 적합한 사람을 구하지 못하는 기업도 있다.

한국의 실업률은 현재 4% 중반 수준이다. 이는 2% 중반에 머물던 1990년대 실업률보다 2배 정도 높아진 수치다. 청년 실업률은 전체 실업률보다 2배 이상 높은 10%대에 이르는데 이것 역시 5%대이던 1990년대 청년 실업률보다 2배 정도 높아진 것이다.

실업자가 생기는 이유는 다양하다. 일하려는 사람보다 일자리 수가 적으면 일자리를 모두 채워도 실업자가 생긴다. 구직자가 100명인데 일자리는 95개라면 95개를 다 채워도 5명은 실업자로 남을 수밖에 없다.

구직자가 100명이고 일자리가 100개라도 100명 모두 일자리를 구하는 것은 아니다. 더 좋은 일자리가 나올 때까지 취업을 미루기도 하고, 더 적합한 인재를 찾을 때까지 채용을 미루기도 한다. 일자리가 남아돌아도 실업자가 생기는 까닭은 취업을 모색하는 사람들이 지금 남아도는 일자리에 만족하지 않아서다. 자신의 가치가 그보다 높다고 생각해 더 좋은 일자리가 나올 때까지 탐색을 지속하는 것이다.

구직자 증가 속도에 비해 일자리 증가 속도가 느리면 틀림없이 실업률이 상승한다. 반면 경제가 해마다 성장하면 취업자가 늘어난다. 성장률이 높을수록 취업자가 더 많이 늘어나고 임금도 더 빠르게 상승한다. 단기적으로는 경기가 좋아지고 나빠짐에 따라 실업률이 낮아지거나 높아진다. 가령 어떤 경제의 참실력을 반영하는 실업률이 3%라면, 경기가 좋을 때는 실업률이 3% 이하로 내려가고 경기가 나쁠 때는 3% 이상으로 올라가는 식이다. 경제가 커다란 충격을 받을 경우 실업률도 크게 올라간다. 외환위기 이전 2.6% 근방에 머물던 실업률이 위기 이후 6%까지 올라간 게 대표적인 사례다.

실업률이 높을 때 정부는 어떻게 해서든 일자리를 늘리려고 애를 쓴다. 그러나 경제가 활발하게 돌아가는 데 도움을 주는 정책을 펴지 않는 한 정부가 좋은 일자리를 만드는 것은 거의 불가능하다. 정부가 제공하는 것이 정말로 경제가 필요로 하는 좋은 일자리라면 굳이 정부가 나서지 않아도 벌써 생겼을 것이다. 그런데도 일자리를 만들려고 한다면 새로 생겨나는 일자리가 좋을 가능성은 높지 않다.

최저임금제도

보수가 낮은 저임금 노동자의 처우를 개선하려는 의도에서 최저임금제도를 시행한다. 이는 정부가 책정하는 금액보다 적은 임금을 주고 근로자를 고용하지 못하도록 강제하는 제도다. 가령 최저임금이 시간당 1만 원일 경우 사람을 고용할 때 그 이하로 주면 처벌을 받는다. 어떤 이가 지금까지 시간당 8,000원을 받고 있었다면 이제부터 그는 1만 원을 받는다. 최저임금제 시행 이후 그가 일자리를 상실하지 않으면 분명 그의 처지는 개선된다.

노동가치가 시간당 1만 2,000원인 사람이 고용주의 횡포나 근로자의 무지로 인해 시간당 8,000원만 받고 있었을 경우 최저임금제 덕분에 그의 임금은 시간당 1만 원으로 올라간다. 그렇지만 최저임금제만으로는 그가 자신의 진정한 노동가치인 시간당 1만 2,000원을 받을 가능성은 낮다. 노동시장에 남아 있는 불공정한 측면을 시정하는 조치를 동시에 시행해야 자신의 가치만큼 다 받을 수 있다.

한편 최저임금제도는 미숙련 저임금 노동자에게 불리한 결과를 안겨줄 수 있다. 가령 노동가치가 시간당 7,000원에 불과해 실제로 7,000원을 받고 일하던 사람은 최저임금제

시행 이후 일자리를 잃을 가능성이 크다. 최저임금제를 지키느라 기여도가 시간당 7,000원인 사람을 시간당 1만 원을 주면서 고용할 사람은 별로 없다. 교육과 훈련으로 미숙련 저임금 노동자의 생산성을 높이는 것이 일자리를 유지하면서도 임금을 올리는 효과적인 방안이다.

노동의 대가인 임금 결정

사람들이 취업해서 받는 보수는 말 그대로 천차만별이다. 대체로 대기업이 중소기업보다 많은 임금을 준다. 학력이 높을수록, 경력이 많을수록 더 많은 임금을 받으며 특별한 기술이 있으면 그에 상응해 높은 보수를 받는다. 반면 육체노동자와 일용직노동자의 임금은 낮고 갓 졸업한 신참내기의 보수도 적은 편이다. 이처럼 보수에 차이가 발생하는 것은 노동시장에서도 수요와 공급의 원리가 작동하기 때문이다. 노동 능력이 클수록 채용하려는 기업이 많아 임금이 올라간다. 그러나 뛰어난 노동 능력이 있어도 그만한 능력을 갖춘 사람이 많으면 보수가 그리 높지 않다.

자신의 가치를 높이는 길은 끊임없이 실력을 갈고닦아 데려다 쓰고 싶어 하는 사람이 많아지게 만드는 것이다. 실제로 우리는 거의 예외 없이 그런 노력을 기울인다. 알다시피 성실하게 중등교육을 이수한 많은 사람이 선망하는 대학의 인기학과에 진학하고자 노력한다. 대학생이 된 이후에는 인격과 학문을 도야해 명망이 높은 곳에 취직하려 한다.

취업을 늦추고 더 많은 지식과 지혜를 연마하고자 대학원에 진학하거나 박사학위를 이수한 고급 두뇌가 되고자 노력하기도 한다. 학문 수준이 높은 대학으로 유학을 가고 학위 취득 후에는 자신의 실력을 알아주는 곳을 찾아 세계로 진출하는 사람도 있다. 이들은 취직한 이후에도 동료와 선배에게 배우고 경험을 익히며 대학에서 미처 다 배우지 못한 새로운 지식을 익히는 등 하루도 쉬지 않고 실력을 기른다.

이와 같은 노력은 당사자의 소득 증가로 이어지게 마련이다. 뛰어난 인재에 대한 수요는 매우 큰데 그런 인재로 자라는 사람은 많지 않아서 명예와 평판과 보수 등에서 최상의 대우를 받게 되는 것이다. 누구건 부지런히 실력을 갈고닦으면 반드시 그것에 비례한 보상을 받는다. 그게 시장경제가 인재들을 대우하는 방식이다.

2
기업과 경제

경제의 뼈대가 되는 '기업'을 살펴보자

기업의 다양한 모습

기업은 고객이 원하는 상품과 서비스를 제공하고 그에 상응하는 대가를 받는다. 전자제품이나 자동차를 생산하는 제조업체와 통신 서비스를 제공하는 업체도 기업이고 마을의 구멍가게와 편의점도 기업이다. 옷가게·음식점·술집도 기업이고 학원·병원·약국·변호사 사무실·은행·증권회사도 기업이다. 이렇게 보면 우리가 일상적으로 만나는 대상 중 기업이 아닌 게 별로 없다. 출퇴근 때 이용하는 버스, 지하철, 택시도 기업이 제공하는 서비스다.

기업이 존재하는 이유는 우리가 모든 것을 직접 만들어서 사용하기가 힘들기 때문이다. 자급자족 생활이 불가능한 것

은 아니지만 자기가 잘하는 것을 생산해 다른 사람이 생산한 것과 교환해서 사용하는 게 훨씬 더 효율적이다. 교환이 가능할 경우 분업과 전문화가 이뤄지고 이때 생산성이 획기적으로 높아진다. 이러한 구조에서 사람들이 원하는 상품과 서비스를 제공하는 쪽이 기업이고 그렇게 제공하는 것을 구매하는 쪽이 고객이다.

기업 생태계

사업을 영위하는 기업은 하청업자에게 부품과 소재를 구매하고 종업원을 고용해 완성품을 만든 다음 다양한 유통망을 활용해서 그것을 판매한다. 완성품 제조업체의 하청업자도 그들대로 공장을 짓고 원자재를 조달하고 종업원을 채용해 완성품 제조업자가 주문한 제품을 생산해서 납품한다.

이들 완성품 제조업체와 하청업체 주변에는 그곳에서 일하는 임직원에게 서비스를 제공하려는 가게가 줄지어 들어선다. 음식점, 술집, 노래방, 옷가게, 은행, 우체국, 편의점, 병의원, 약국, 학원, 학교, 종교시설이 모여드는 것이다. 그뿐 아니라 우리에게 각종 행정 서비스를 제공하는 주민센터와 경찰서, 소방서, 세무서, 사법기관도 따라온다. 전기, 통신, 대중교통, 상하수도, 폐기물 처리 같은 공공서비스도 마찬가지다. 수많은 사람이 살아야 할 주거시설과 업무시설을 공급하는 건설업체도 당연히 필요하다. 주민을 위한 위락시설과 공원도 갖춰야 하고 각종 운동경기를 치를 시설도 마련해야 한다. 이같이 우리의 일상생활이 가능한 것은 수많은 기업체가 갖가지 상품과 서비스를 제공하기 때문이다.

기업 변화와 혁신

'가치와 일자리를 창출하는 주체가 기업'이라고 하는 것은 위와 같은 사실을 두고 하는 말이다. 기업이 창출하는 가치의 총합이 곧 그 나라가 창출하는 가치다. 결국 기업이 잘나가는 나라가 번영한다. 세상에서 기업 활동이 부진한 나라치고 잘사는 나라는 없다.

기업이 잘나가면 나라가 부강해진다. 여기서 기업이 잘나간다는 것은 이미 존재하는 기업이 번창하는 것만 의미하지는 않는다. 신생기업이 끊임없이 출현해 각자의 영역에서 발군의 실력을 발휘하는 것도 포함한다. 신생기업이 중견기업으로, 중견기업이 대기업으로, 나아가 세계적인 일류기업으로 성장해가기도 하지만 모두가 그럴 필요는 없다. 중요한 것은 다양한 형태의 기업이 여러 분야에서 역동적으로 경쟁하며 상생하는 일이다. 소수의 초일류기업 중심으로 경제를 운영하는 것보다 다양한 크기의 수많은 기업이 각자의 영역에서 활력 넘치는 영업 활동을 펼칠 때 경제가 더 잘돌아간다.

기업이 번창하면 좋은 일자리가 생긴다. 한국에서도 세계 초일류기업으로 평가받는 기업체가 생겨나고 있다. 이들은 대부분 1980년대만 해도 그 위상이 오늘날의 중기업 수준이었고 당시 아예 존재하지 않던 기업도 있다. 그동안 이들이 성장·발전하지 못하고 오늘날 그들과 대적할 만한 실력을 갖춘 신생기업이 출현하지 않았다면 이들 초일류기업이 현재 제공하는 일자리는 대부분 존재하지 않았을 것이다.

당연한 얘기지만 초일류기업만 좋은 일자리를 제공하는 것은 아니다. 오히려 자동화와 기계화가 어려운 노동집약적인 기업이 더 많은 일자리를 제공한다. 산업별로 보면 서비스 산업이 창출하는 일자리가 가장 많다. 상대적으로 낙후된 한국의 서비스 산업이 혁신으로 거듭날 경우 풍부한 일자리를 창출하는 것은 물론 부가가치 창출 능력도 대폭 확대될 가능성이 크다.

기업은 끊임없이 혁신을 시도한다. 아무리 잘나가는 기업도 제자리에 안주해서는 성공할 수 없다. 혁신을 시도하다 더러 실패하기도 하지만 그럼에도 불구하고 과감하게 새로운 길을 개척하는 기업이 성공한다. 오랜 기간 최고 위치를 고수한 기업도 경영 전략상의 실수를 거듭하면 2류 기업으로 전락하고 만다. 실제로 세계를 지배하던 미국의 3대 자동차 회사는 지금 뒷전으로 밀려났고 IBM과 소니도 해당 분야에서 선두자리를 내준 지 오래다. 구글, 아마존, 애플, 페이스북, 테슬라는 새로운 초일류기업으로 발돋움했으며 계속해서 새로운 강자가 출현하고 있다. 물론 이들 역시 한

순간의 잘못으로 쇠락의 길을 걸을 수 있다. 기업은 냉엄한 경쟁 세계에서 살아간다.

종업원과 고객도 중요하다

기업은 경제 성장과 발전을 견인하는 주체지만 그것이 기업이나 기업가의 공으로만 이뤄지는 것은 아니다. 기업을 경영하고 운영하는 것은 바로 사람, 즉 기업체에서 일하는 임직원이다. 기업이 좋은 일자리를 만들어도 거기에서 일할 유능한 인재를 구하지 못하면 소용이 없다. 기업에서 일할 유능한 인재는 기업이나 기업가 못지않게 중요하다. 그것뿐이 아니다. 기업이 좋은 제품을 만들어도 그것을 사갈 사람이 없으면 그것 역시 낭패다. 결국 상품과 서비스 공급자인 기업이나 기업가 못지않게 상품과 서비스를 구매하려는 고객도 굉장히 중요하다.

상품과 서비스를 구매하려는 소비자가 많을 경우 그것을 생산하는 기업이 잘나간다. 기업이 잘나가면 유능한 인재를 고용해 높은 보수를 지불한다. 그리고 잘나가는 기업에 취직해 돈을 버는 사람은 그 기업이나 다른 기업의 좋은 고객이다. 이러한 사실은 경제에서 소비자와 공급자, 구매자와 판매자, 근로자와 기업가는 똑같이 중요한 위치를 점한다는 것을 말해준다.

기업을 대하는 국민 정서

기업과 기업가를 대하는 태도는 나라마다 다르다. 기업과 기업가가 기여하는 바를 인정하고 그들이 더 잘하기를 기대하는 풍조가 주류인 나라가 있는 반면, 기업과 기업가를 잠재적 범죄자로 여기면서 감시하고 통제하는 풍조가 주류인 나라도 있다. 두 가지 중 어느 쪽이 경제가 성장 발전하는 데 더 크게 기여할지 모르는 사람이 있을까?

물론 기업과 기업가를 무조건 도와주고 보호하는 것은 잘못이다. 사실 기업과 기업가를 특별히 우대해줄 이유는 없다. 그저 그들이 자신의 사업에 매진하도록 내버려두면 된다.

때론 기업과 기업가가 법을 어기면서까지 돈을 벌려는 유혹에 넘어가기도 한다. 실제로 그런 사례는 빈번하게 발생한다. 특히 자본주의 경제가 빠른 속도로 팽창하는 초기에는 돈 버는 데 눈이 멀어 부정한 방법에 기대는 기업이 속출한다. 정경유착이나 기업 마피아, 독과점 업체 횡포 같은 말이 나온 이유가 여기에 있다.

위에 열거한 것을 비롯한 불법하며 부당하고 불공정한 행위는 엄정하게 규율해야 한다. 경제학자들이 찬동하는 것은 공정한 게임의 룰 아래서 전개되는 치열한 경쟁이지 약육강식이 횡행하는 정글의 경쟁이 아니다. 경제학자들이 경쟁질서를 어기거나 경제력을 오·남용하는 참여자들을 적발해서 처벌할 책무를 지닌 정책 당국의 올바른 정책 집행을 지지하는 것은 그런 까닭에서다.

그렇지만 경쟁이 규제보다 부당행위를 일삼는 기업을 징벌하는 데 더 효과적이다. 만약 어떤 기업이 불공정한 행위를 일삼는다면 그 기업의 주력 분야에 경쟁자 진입을 전면 허용하는 게 낫다. 경쟁이 치열한 곳에서는 부당행위자가 도태될 가능성이 높다. 건전한 경쟁과 신뢰를 주는 경영으로 고객에게 더 큰 혜택을 주는 기업이 부당행위를 일삼는 기업을 도태시키기 때문이다. 경쟁을 촉진하는 방향으로 정책을 입안하고 집행하는 게 기업을 규율하는 효과적인 방안이다.

3
화폐와 금융 그리고 경제

'돈'은 경제에서 어떤 역할을 할까?

화폐 유통과 경제 활동

돈을 '돌'같이 보라는 말을 따르는 사람은 거의 없다. 누구나 돈을 좋아한다. 돈을 좋아한다는 것은 돈 그 자체가 아니라 돈이 있으면 원하는 일을 할 수 있기에 좋아한다는 뜻이다.

내가 무엇을 사거나 어떤 일에 돈을 쓰면 그 돈은 반드시 누군가의 손으로 흘러들어 간다. 그 사람 역시 자기 일을 처리하면서 그 돈을 쓰고, 그것을 받은 사람도 자기 일을 처리하면서 또다시 돈을 쓴다. 이렇게 돈은 사람들 사이에서 돌고 돈다.

돈의 흐름이 원활해야 경제가 잘 돌아간다. 만일 어떤 사람이나 기업이 거래에서 받은 돈을 모두 금고에 넣어두면 그 돈은 유통을 멈춘다. 사람들이 금융기관에 맡긴 돈을 아무도 인출해서 사용하지 않으면 그것 역시 유통되지 않는다. 이런 식으로 돈의 유통량이 줄어들면 경제 활동이 위축될 가능성이 크다. 반면 경제가 필요로 하는 것보다 더 많은 돈이 시중에 풀리면 부작용이 생긴다. 씀씀이가 헤퍼지면서 무분별한 소비와 투자가 늘어나고 자산가치에 거품이 끼며 인플레이션이 생길 확률이 높아진다.

한 해 동안 경제 내에서 돌고 돈 화폐의 양은 그 나라에서 한 해 동안 재화와 서비스를 사고판 총 거래액이다. 그러나 거래액이 3,000조 원이라고 해서 경제 내에 유통 중인 화폐의 양도 3,000조 원인 것은 아니다. 동일한 돈이 돌고 돌면서 여러 번 쓰이기 때문이다. 경제 내에서 유통 중인 화폐의 양을 M, 그 돈이 회전한 횟수를 V라 하면 MV는 거래액이 된다. 그런데 거래액은 거래한 양 Y와 그것의 평균 가격 P를 곱한 값이므로 MV = PY가 성립한다.

전체 경제 시각에서 Y는 실질국민소득, P는 물가, V는 화폐의 유통 속도 그리고 M은 통화량으로 이해할 수 있다. MV = PY를 '수량 방정식'이라 부르는데 이는 화폐 수량

설quantity·theory의 기초다.

실업자가 증가하고 재고가 쌓여가며 공장 가동률이 떨어지는 불황기에 중앙은행이 통화 공급량을 늘리면(M↑) 물가는 별로 변화하지 않은 채(P~) 실질국민소득이 늘어난다 (Y↑). 덕분에 판매가 늘어나 생산이 활기를 띠면 실업자가 줄어들고 경기가 살아난다. '불황일 때 돈을 풀면 경기가 살아난다'라고 하는 것은 이를 두고 하는 말이다.

반면 매출이 늘어나고 재고가 줄어드는 상황에서 공장 가동률을 높이기도, 일손을 구하기도 어려운 호황기에 중앙은행이 통화량을 늘리면(M↑) 실질생산량은 별로 늘어나지 않으면서(Y~) 물가만 상승하는(P↑) 일이 벌어진다. '돈을 많이 풀면 인플레이션이 생긴다'라고 하는 것은 이를 두고 하는 말이다.

금융과 경제

개인·기업·정부는 자기 돈만 쓰는 것이 아니라 필요할 경우 금융기관에서 돈을 빌려서 쓴다. 이때 금융기관에서 자금을 조달하기가 용이하면 지출이 늘어나고 자금조달이 어려우면 지출은 위축된다. 따라서 금융기관이 금융을 효율적으로 중개하고 적정량의 신용을 창출해 유통시키면 경제가 잘 돌아간다.

반대로 금융기관이 중개 업무를 제대로 처리하지 못할 경우 경제 활동이 위축된다. 금융기관이 신용관리에 실패하면 거품을 생성하거나 신용경색을 일으켜 경제를 위기에 빠뜨리기도 한다.

금융기관이 지나치게 많은 양의 신용을 공급할 경우 돈이 빠른 속도로 돌면서 주식이나 부동산 가격이 상승하기 시작한다. 담보 물건인 주식과 부동산 가격이 상승하면 금융기관은 더 많은 돈을 빌려주고 이는 다시 주가와 부동산 가격을 더 올려놓는다. 이때 가격이 더 오를 것으로 판단하는 투자자들이 몰려들어 주가와 부동산 가격은 더욱 상승한다. 자산의 본질 가치를 넘어 가격이 올라가는 거품이 생기는 것이다.

일단 거품이 생기면 한동안 더 크게 부풀어 오르는 속성을 보인다. 그러나 거품은 반드시 무너지게 마련이다. 한 번 기세가 꺾이면 거품은 일시에 무너지는 특성이 있다. 너도 나도 팔아치우려고 투매에 나설 경우 가격은 폭락할 수밖에 없다. 이때 수많은 사람이 재산을 잃고 신용불량자가 되며 심지어 목숨까지 버리는 일도 발생한다.

때론 금융기관이 신용경색을 일으키기도 한다. 이것은 금융기관이 대출 실수로 대규모 손실을 입을 때 발생한다. 금융기관들이 비슷한 곳에 엄청난 돈을 빌려주었다가 해당 분야가 어려움을 겪으면 일시에 큰 손실을 볼 수 있다. 이럴 때 금융기관들은 생존하기 위해 더 이상 돈을 빌려주지 않을 뿐 아니라 우량고객에게 빌려준 돈까지 회수하려 한다. 갑자기 돈줄이 사라지는 일이 벌어지는 셈이다. 이를 신용경색이라고 한다.

금융기관에 의존하지 않는 기업이 거의 전무한 상황에서 금융기관이 돈줄을 죄면 신용 상태가 좋지 않은 기업부터 도산하기 시작하고 그런 기업에게 돈을 받지 못하는 우량기업도 피해를 본다. 더러는 흑자 상태에서 도산하는 기업도 나온다. 한마디로 실물부문에 커다란 파탄이 생긴다.

이자율

수입과 지출이 항상 일치하는 것은 아니다. 오히려 일치하지 않는 게 정상이다. 들어온 돈보다 더 많은 돈을 써야 할 때도 있고 들어온 돈을 다 쓰지 않을 때도 있다. 수입이 지출보다 많으면 흑자, 그 반대의 경우에는 적자라고 한다. 흑자를 내면 대개는 그것을 빌려주거나 금융기관에 맡긴다. 이자를 받을 수 있으니 돌려받을 확신만 있으면 빌려주거나 금융기관에 맡기는 게 낫다. 금고에 보관하면 원금은 보장되지만 수익이 발생하지 않는다.

적자가 나거나 적자를 예상하는 사람은 돈을 빌린다. 돈은 개인, 은행, 자본시장에서 빌릴 수 있다. 이때 빌려준 대가로 받는 돈을 '이자'라 하고 투자한 대가로 얻는 돈을 '투자수익'이라고 한다. 이것을 비율로 나타낸 것이 이자율과 투자수익률이다.

이자율은 돈을 빌리려는 수요와 돈을 빌려주려는 공급이 상호작용하면서 정해진다. 공급이 늘어나면 이자율이 내려가고 수요가 늘어나면 이자율이 올라간다. 수요가 늘어나도 그와 동시에 공급도 늘어나면 이자율은 그대로 있거나 오히려 하락한다.

한국은행과 금융기관은 시중에 유통 중인 자금의 양에 큰 영향을 준다. 한국은행이 긴축 통화정책을 쓰면 돈 공급이 줄어들어 이자율이 올라가고, 팽창 통화정책을 쓰면 돈 공급이 늘어나 이자율이 하락한다. 경제가 해외부문과 단절될 경우 거의 확실하게 그런 일이 발생한다. 하지만 개방경제에서는 사정이 다르다. 환율과 국제수지가 한국은행의 정책 변화에 반응하고 국내 이자율이 국제금융시장 이자율과 연동해서 움직이기 때문이다.

요즘 한국의 이자율은 과거에 비해 아주 낮다. 명목이자율뿐 아니라 물가상승률을 차감한 실질이자율도 낮다. 이자율이 낮다는 것은 자금 수요보다 공급이 더 풍부하다는 것을 의미한다. 쉽게 말해 돈은 많은데 빌려갈 사람이 적은 것이다. 시중에 돈이 많은 것은 무엇보다 한국은행이 저금리 정책을 펴면서 돈이 많이 풀린 탓이다. 여기에다 각국 중앙은행이 경쟁적으로 돈을 푸는 바람에 돈이 넘쳐나 국제시장 이자율도 낮은 수준에 있다. 설령 그럴지라도 빌리려는 수요가 크면 이자율이 높아지지만 실은 빌리려는 수요가 그리 크지 않다. 빌려서 투자했을 때 예상하는 투자수익률이 높지 않아서. 결국 이자율이 낮은 수준에 머무는 것은 투자수익률이 낮기 때문이기도 하다.[7]

---

[7] 빌린 돈으로 주식이나 주택을 구매하는 사람들의 기대수익률은 높다.

환율과 국제수지

환율은 한국 돈인 원화와 외국 돈과의 교환 비율로 외화의 수요와 공급이 상호작용하면서 정해진다. 가령 달러화를 사려는 수요가 증가하면 더 많은 원화를 주어야 달러화를 살 수 있다. 가령 1달러를 살 때 1,150원을 주던 것을 1,180원을 주어야 하는 식이다. 외화 수요가 크게 늘어나거나 외화 공급이 크게 줄어들면 환율이 크게 상승한다.

외화의 수요와 공급은 한국의 수출입, 여행수지, 자금 이동 등으로 정해진다. 수출이 늘면 외화 공급이 증가하고 수입이 늘면 외화 수요가 증가해 외화를 더 많이 사야 한다. 우리 국민이 해외로 여행을 가려면 외화를 사야 하고 외국인이 한국으로 여행을 오려면 외화를 팔아야 한다. 우리가 해외에서 자금을 운용하고자 하면 외화로 바꿔 나가야 하고 외국인이 국내에서 자금을 운용하려면 외화를 들여와야 한다. 환율은 이 모든 거래 요소를 반영해서 정해진다.

환율의 등락과 관련해서 유념해야 할 사항이 있다. 하나는 환율이 하락했다는 것과 원화의 가치가 상승했다는 것이 동일한 의미임을 이해하는 것이다. 1달러에 1,100원 하던 환율이 1달러에 1,000원으로 하락하면 동일한 금액의 원화를 주고서 바꾸어 받는 달러의 양이 늘어난다. 즉, 원화의 가치가 상승한다. 다른 하나는 수출이 크게 늘어나서 달러화의 유입량이 증가하면 환율이 하락한다는 설명과 환율이 하락하면 우리나라 수출기업의 해외시장에서의 가격경쟁력이 약화된다는 설명이 모순되지 않음을 이해하는 것이다. 둘 다 옳은 설명인데 전자는 숲 전체를 보고서 하는 말이고 후자는 나무 한 그루를 보고서 하는 말이다.

국제수지표는 우리나라에서 나간 돈과 우리나라로 들어온 돈을 하나의 표로 나타낸 것이다. 나간 돈이 더 많으면 '국제수지 적자'라 하고 들어온 돈이 더 많으면 '국제수지 흑자'라고 한다. 일상적인 상품과 서비스 거래에서 발생하는 수지 차이를 경상수지라 하며 자본 이동과 관련된 수지 차이를 자본수지라고 부른다. 국제수지가 흑자일 경우 넘치는 돈을 중앙은행에 예치하거나 해외에서 투자자산으로 운용한다. 반면 국제수지가 적자면 중앙은행이 보유한 외화를 내보내거나 해외에서 운용 중인 외화자산을 매각해 적자를 메운다. 경상수지가 흑자를 기록하는 상황에서 자본수지마저 흑자를 보이면 넘치는 외화가 국내 외화보유고 증가로 나타날 수 있다.

4
평등과 불평등

경제학에서 말하는 평등과 불평등은 무엇일까?

사람은 누구나 소중하다

사람은 누구나 소중하다. 연령, 성별, 지역, 학력, 경력, 직업 차이가 사람의 가치를 좌우해서는 안 된다. 모든 이가 동등한 가치를 지니는 세상이 평등한 세상이다.

평등하다는 것이 '사람은 누구나 소중하다'는 명제를 의미하는 것이라면 거기에 이론이 있을 수 없다. 소중하지 않은 사람은 하나도 없다. 또한 평등하다는 것이 '누구에게나 동등한 기회를 부여해야 한다'거나 '사람은 누구나 법 앞에 평등하다'는 것을 뜻한다면 그것 역시 누구나 동의한다.

그런데 평등하다는 것이 '사람이면 누구나 모든 면에서 같아야 한다'는 것을 의미한다면 이는 실현 불가능한 이상이다. 현실을 보자면 천차만별인 사람들이 모여 산다. 외모, 성격, 능력, 재능, 욕망 등 모든 면이 동일한 사람은 세상에 존재하지 않는다.

동일노동, 동일임금

동일노동, 동일임금이라는 원칙은 동일한 가치의 노동 서비스를 제공하는 사람은 누구나 동일한 대우를 받아야 한다는 주장이다. 언뜻 지극히 당연해 보이지만 이 명제에는 무엇이 동일한 가치를 지니는 노동인지 명확하지 않다는 함정이 있다.

많은 사람이 대졸자가 하는 노동은 모두 가치가 동일하다고 오해한다. 가령 큰 병원에서 일하는 간호사나 작은 병원에서 일하는 간호사는 모두 4년제 대학을 졸업했으니 그들이 받는 처우도 동일해야 한다고 생각한다. 더러는 4년제 대학을 졸업한 회사원보다 고등학교만 나온 기능공이 더 좋은 대우를 받기도 한다. 이럴 때 학교교육을 더 오래 받았는데 월급을 적게 받는다며 억울해한다. 이것은 대학 졸업자의 노동가치가 고교 졸업자의 노동가치보다 큰 게 당연하다고 믿기 때문에 발생하는 일이다.

두 가지 주장은 모두 틀렸다. 노동가치는 수요와 공급으로 정해진다. 동일한 학력인데도 높은 임금을 받는 사람은 그가 일하는 기업에서 공헌하는 바가 더 크다는 의미다. 남보다 높은 임금을 주지 않으면 그런 인재를 확보하기 어려워서 임금을 더 주는 것뿐이다. 학력이 낮은 기능공에게 더 많은 보수를 주는 것은 그 기능공이 회사에 기여하는 바가 대학을 갓 졸업한 신입사원이 기여하는 것보다 더 커서다. 뛰어난 인재 수요가 큰 상황에서 그런 자격을 갖춘 사람이 소수면 인재의 가치가 올라가는 것은 당연하다.

경제 활동 결과는 다양하다

우리가 행하는 경제 활동의 결과는 매우 다양하다. 모든 이가 같은 일을 해도 각자가 이루는 것이 다르다. 그러니 사람마다 제각기 다른 일을 할 때 그들이 이뤄내는 결과가 다른 것은 지극히 당연한 일이다.

정해진 기간 동안 우리 각자가 행한 일의 가치를 하나의 잣대로 측정할 수 있다면 좋지 않을까? 그 목적 아래 경제학자들이 고안해낸 것 가운데 가장 유용한 것이 소득지표다. 이는 우리가 일정 기간 동안 행한 경제 활동의 가치를 객관적 잣대로 평가한 것이다.

한 사람의 연간 소득을 보면 우리는 그 사람이 1년 동안 행한 일을 대충이나마 짐작한다. 가령 어떤 사람의 소득이 작년보다 증가했으면 그가 지난해 한 것보다 더 많은 가치를 창출했다고 본다. 또 어떤 사람의 소득이 내 것의 2배면 그 사람이 창출한 가치가 내가 창출한 것보다 2배 많았을 거라고 판단한다.

불평등과 사회 정의

소득과 재산의 분포 상태가 불평등하다고 비판하는 데는 크게 두 가지 이유가 있다. 하나는 기회의 평등, 법 앞에서의 평등, 과정의 공정성 같은 원칙이 지켜지지 않는 상태에서 형성한 재산과 소득이라 공정하지도 정의롭지도 않다는 비판이다. 우리는 모두 같은 '사람'이라 소득과 재산이 비슷비슷해야 정상인데 특혜를 받은 사람은 부자가 되고 차별받은 사람은 빈자가 되니 비정상이라는 얘기다.

다른 하나는 설령 기회의 평등, 법 앞에서의 평등, 과정의 공정성 같은 원칙을 충실하게 지켜도 결과에 차이가 생기는 데 주목한 비판이다. 어느 정도의 차이는 인정하지만 지나친 차이는 받아들이기 어렵다는 주장이다. 지나친 차이는 결코 자연적인 현상이 아니며 그것은 오로지 개개인의 탐욕을 원동력으로 한 경쟁이 낳은 결과라고 생각한다.

불평등 완화 방안으로 재산과 소득의 재분배에 찬성하는 사람이 많다. 이들은 많이 가진 사람이 소유한 것을 덜어내 적게 가진 사람에게 주는 것이 결과를 평등하게 만드는 길이라고 생각한다. 이에 대해 몇 가지 의문을 제기할 수 있다.

첫 번째는 '나는 과연 내 것을 덜어내 가난한 사람에게 주려고 할까' 하는 의문이다. 사람들은 대부분 자신은 재산과 소득을 나눠줄 만큼 부자가 아니므로 자기보다 잘사는 사람의 재산과 소득을 나눔의 대상으로 삼아야 한다고 여긴다. 자기 재산과 소득을 기꺼이 내놓으려 하는 사람은 많지 않다.

두 번째는 '많이 가진 자의 것을 어떤 방식으로 나눠줄 것인가' 하는 의문이다. 이는 자발적인 나눔을 권고할 것인가, 아니면 강제로 빼앗아 나눠줄 것인가 하는 문제다. 중론은 자발적인 나눔을 독려하되 그것만으로는 부족할 것이므로 정부가 부유한 사람의 것을 징발해 가난한 사람에게 나눠줘야 한다는 것이다.

세 번째는 '결과의 평등을 추구하면 정말로 사회가 평등해질까' 하는 의문이다. 세상에는 결과의 평등을 추구한 나라가 많지만 어떤 곳에서도 결과의 평등이라는 이상을 달성하지 못했다. 결과의 평등을 추구한 나라는 모두 예외 없이 국민의 절대다수가 가난하게 사는 가운데 소수의 권력 엘리트만 잘사는 사회로 변질되었다. 그런 사회를 두고 절대다수가 비슷하게 못사니 평등하다고 주장하는 것은 난센스다.

네 번째는 '결과의 평등을 추구하면 나라의 장래가 어디로 갈 것인가' 하는 의문이다. 이 의문에 답하기 위해 먼저 극단적인 상황을 상정해보자. 가령 매년 연말 모든 사람의 소득을 한데 모아놓고 그것을 개개인에게 균등하게 나눠준다고 가정해보자. 과연 어떤 일이 벌어질까? 아무리 열심히 노력해도 내게 돌아오는 것이 남과 똑같은 양이니 보통사람이면 열심히 일할 의욕을 상실한다. 또 내가 열심히 일하지 않아도 남이 해놓은 것을 나눠 가질 수 있으니 나만 특별히 열성을 다할 이유가 없다. 거의 모든 사람이 그런 생각을 한다. 그 결과 시간이 흐를수록 경제는 점점 더 쇠퇴하고 만다. 그 종착역은 모든 사람이 겨우 목숨을 부지하는 상태로 전락하는 것이다.

번영을 보장하면서도 좀 더 평등한 세상을 만들 수는 없을까? 번영을 추구하려면 사람들에게서 열심히 일하고자 하는 인센티브를 앗아가면 안 된다. 그러므로 재분배 정책을 펴되 내 것을 부당하게 빼앗긴다는 생각이 들지 않게 해야 한다. 사람들이 마음 놓고 경제 활동을 하도록 허용한 다음 그들이 번 소득에서 가능하면 많은 부분을 자발적으로 남과 나눠 갖도록 유도하는 게 옳은 방안이다. 누가 시켜서가 아니라 스스로 남을 돕기 위해 혹은 공동의 목적을 위해 내 것을 내놓는 일을 장려하는 게 낫다. 싫어하는 사람에게 억지로 빼앗을 게 아니라 나눠 갖는 것이 좋아서 자발적으로 하도록 정책과 제도를 설계해야 한다는 말이다.

Good
morning
Good
night

세계경제를 움직이는
은밀하고 거대한 힘

1
국력과 국가경쟁력

우리나라는 어떤 경제적 상황에 처해 있을까?

한국을 둘러싼 강대국은 미국, 중국, 러시아, 일본이다. 영토, 경제 규모, 인구, 군사력 측면에서 그들이 한국보다 강한 건 사실이다. 그러나 그들이 모든 면에서 한국을 앞서는 것은 아니다. 대한민국은 영토가 작고 천연자원이 부족하다는 점에서는 작은 나라지만 인구, 군사력, 경제 규모 면에서는 큰 나라에 속한다.

지금까지는 국력을 평가할 때 영토 크기, 부존자원, 인구, 경제 규모, 군사력 같은 양적 지표를 중요시했다. 그러나 지금은 교육·학문, 자유·인권, 과학·기술, 문화·예술, 자연 환경, 보건·복지, 주거, 교통, 통신 등의 질적 요소도 중요시한다. 좀 더 추상적으로 국력의 원천을 자유, 효율, 공정에서 찾기도 한다.

2020년에 미국의 한 대학에서 조사한 결과를 보면, 세계에서 '가장 좋은' 나라의 순위에서 스위스, 캐나다, 일본, 독일, 호주가 최상위 국가로 평가되었다. 우리나라(20위)는 아시아 지역 국가 중 일본(3위), 중국(15위), 싱가포르(16위)보다 낮게 평가되었다. 이 조사는 자연과 기후, 인권, 문화, 역사, 기업가정신, 기업 활동을 하기 좋은 정도, 군사력과 경제력, 세계에 대한 영향력, 삶의 질 등 9개 영역을 중심으로 '좋은 나라 지수'를 산출한 것이다.

'좋은 나라' 순위에서 우리나라가 일본, 중국, 싱가포르에 뒤진다는 결과가 의외다. 중국과 일본의 세계에 대한 영향력이 우리나라의 그것보다 크고, 싱가포르가 기업 활동을 하기 좋은 정도에서 우리나라를 앞선 게 그런 평가를 낳았다.

국력 또는 국가경쟁력의 측면에서 우리나라가 최고가 아니라고 해서 실망할 필요는 없다. 중요한 것은 점점 더 좋은 나라가 되는가 여부다. 지금부터 반세기 전에 이러한 조사를 했더라면 대한민국은 조사 대상 국가 중 최하위권에 랭크되었을 것이다. 그러던 대한민국이 정체하거나 퇴보하지 않고 오늘날 20위로 껑충 뛰어올랐다는 사실이 중요하다.

우리는 대한민국이 '성공한 나라' 또는 '계속해서 성공하는 나라'라는 자긍심을 가질 자격을 지닌 나라의 시민이다.

우리가 대한민국에 대해서 자긍심을 갖는 것이 당연한 일이기는 하지만 그게 모든 면에서 우리나라가 제일이라는 자만심으로 변질되는 것은 막아야 한다. 반대로 우리의 역사를 부끄럽게 여기면서 우리가 걸어온 역사를 있어서는 안 될 것으로 폄하하는 일도 지양해야 한다. 우리는 항상 자신에 대해 냉정한 자세로 객관적인 평가를 내린 후 잘하는 일은 더 잘하도록 힘쓰고 잘못하는 일은 과감하게 고쳐나가는 자세를 가져야 한다. 다른 나라 사람들의 평판을 무시해서도 안 되지만 그것에 좌우되어 우리 자신의 중심을 잃어서는 안 된다.

2
국가 간의 경쟁

여러 나라들은 어떤 방식으로 경쟁할까?

현대는 '총성 없는 전쟁 시대'라고 불린다. 이는 주도권을 놓고 벌이는 국가 간의 각축전이 무력 충돌로 이어지지는 않지만 그 양상이 마치 전쟁을 치르는 것이나 다름없음을 의미한다. 그러한 각국의 각축전 중에서도 자원·돈·기술 경쟁에 관해 알아보자.

자원 경쟁

유럽이 대교역 시대에 접어든 이래 강대국들은 자원을 확보하는 나라가 승자가 된다는 인식 아래 모두 나라 밖의 자원을 확보하는 전쟁에 나섰다. 식민지 경영이나 두 차례에 걸친 세계대전은 모두 자원을 확보하려는 야욕에서 빚어진 일이다. 자원을 두고 벌이는 경쟁은 20세기 중반을 넘어 최근까지 이어져오고 있다.

그 전형적인 모습은 원유를 두고 벌이는 각축전이지만 철강, 석탄, 천연가스, 물, 해양자원을 놓고 벌이는 국가 간 쟁탈전도 치열하다. 한국과 일본 간의 독도 분쟁, 일본과 러시아 간의 사할린 분쟁, 일본과 중국 간의 남사군도 분쟁, 중국과 베트남·라오스·캄보디아 간의 메콩강 분쟁, 중국과 인도의 히말라야 분쟁도 자원을 놓고 벌이는 싸움에 가깝다.

자원 경쟁 중에서도 가장 치열한 것은 원유 경쟁으로 이로 인해 한때 중동전쟁이 벌어지기도 했다. 그런데 반세기 이상 끌어오던 원유 경쟁은 최근 그 양상이 달라지고 있다. 셰일 혁명으로 중동 원유 의존도가 낮아지자 원유를 두고 벌이던 각축전이 소강상태에 들어선 것이다.

하지만 천연자원 빈국인 한국은 천연자원 수입이 어려워질 수도 있는 사태를 늘 경계해야 한다. 천연자원 수입원을 다변화하고 해외에서 천연자원을 직접 채취하는 사업에 동참하는 등 자구책을 강구해야 한다.

근래에 자원 경쟁이 대체로 새로운 양상을 띠게 되었는데 여기에는 중요한 이유가 있다. 그것은 자원의 중요도가 원

유, 철광, 석탄, 가스 같은 천연자원에서 사람의 능력인 인적
자원으로 옮겨간 데 있다. 특히 한국과 일본은 '천연자원 빈
국'이지만 경제 발전에 성공한 나라다. 이는 천연자원 결핍
을 뛰어난 인적자본으로 극복한 사례로서 천연자원 유무가
나라의 성패를 가르는 핵심 요소가 아님을 보여준다. 중요
한 것은 자원을 확보해 활용하는 개인과 사회의 능력, 즉 인
적자본이다. 자원 부국이 반드시 잘사는 것은 아니라는 사
실은 이러한 결론을 보강해준다.

이와 관련해 '자원의 저주', 다시 말해 자원이 풍부한 나
라가 그 때문에 발전하지 못하는 현상을 이해할 필요가 있
다. 풍부한 자원만 내다 팔아도 살아가는 데 지장이 없으면
국민이 나태해지기 쉽다. 여기에다 자원 관련 분야에만 투
자를 집중하는 바람에 여타 산업이 발전하지 못한다. 필요
한 것은 사다 쓰면 그만이라고 생각하는 경향이 강해서다.
그러다가 자원 가격이 폭락하면 크게 낭패를 보고 만다. 사
태를 더 어렵게 만드는 것은 자원이라는 황금알을 낳는 거
위를 두고 벌이는 권력 투쟁으로 국가가 병들어간다는 사
실이다.

화폐 경쟁

화폐와 금융 분야에서 벌어지는 국가 간 경쟁이 치열하다. 화폐 경쟁은 어떤 화폐를 국제화폐로 사용할 것인가를 놓고 벌이는 각축전으로 국제금융 주도권을 누가 잡느냐 하는 금융전쟁이나 다름없다.

20세기 중반 이후 미국 달러화는 국제화폐로서 그 지위를 확고하게 유지해오고 있다. 이는 그때까지 주도권을 쥐고 있던 파운드화를 대체한 것이다. 한때 달러가 만성 인플레이션으로 주도권을 위협받고 또 일본, 유럽, 중국이 경제 강자로 부상하면서 엔·유로·위안이 달러를 대체할 것처럼 보였으나 아직까지는 찻잔 속의 바람으로 그치고 있다.

국력과 화폐가치는 정비례한다. 달러화가 70년 동안 주도적 지위를 유지해온 것은 미국이 세계에서 가장 강한 나라이기 때문이다. 이는 영국이 세계를 제패했을 때 파운드화가 주도한 것과 같은 이치다. 미국의 국력이나 세계경제를 이끌어가는 힘이 약화하면 달러화도 주도권을 상실할 것이다.

근래에 '화폐 전쟁'이라는 용어가 등장했는데 이는 중국이 세계 2위 경제 대국으로 부상하면서 달러화 주도권을 빼앗으려는 시도에서 비롯되었다. 그러나 세계인의 선호도를 보면 앞으로 상당 기간 동안 달러화가 주도권을 내줄 것 같지 않다. 물론 이것은 미국이 달러화 주도권을 빼앗길 만큼 커다란 실수를 범하거나 바보 같은 짓을 하지 않는다는 것을 전제로 한 평가다. 아무리 미국일지라도 세계인의 신뢰를 상실하면 달러화 주도권은 하루아침에 사라질 수 있다. 같은 논리에서 중국이 세계인의 마음을 사로잡을 만큼 매력적인 나라가 되면 위안화 위상은 저절로 높아질 것이다.

디지털화폐

화폐는 거래의 매개물이자 가치 저장 수단이다. 중앙은행이 발행하는 현금화폐는 물론 은행이 발행하는 예금화폐도 화폐다. 예전에는 현금화폐와 예금화폐만 썼으나 지금은 신용카드와 체크카드를 널리 사용하고 있으며 인터넷망을 활용하는 전자상거래 비중도 점차 높아지고 있다. 어떤 형태의 매개물을 사용해 거래하든 최종 결제수단은 중앙은행이 발행하는 현금화폐다. 적어도 지금까지는 그렇다. 하지만 중앙은행이 디지털화폐 발행에 참여하면서 사정이 바뀌고 있다.

디지털화폐란 전자 방식으로 가치를 저장하고 이전하는

가상화폐를 지칭한다. 손으로 만지거나 실물을 볼 수는 없지만 언제든 전자적으로 그 실체를 확인할 수 있다. 본래 디지털화폐는 암호화폐 형태로 민간에서 발행했으나 중앙은행 디지털화폐가 이들을 대체할 전망이다. 중앙은행이 쥐고 있는 법정 통화라는 독점적 발행권 그리고 거기에서 비롯된 화폐 발행 차익을 포기하지 않을 것이므로 더욱 그렇다.

현재 디지털화폐 발행에 가장 열성적인 곳은 중국 인민은행이다. 중국은 달러화 중심의 국제금융 질서를 깨뜨리려는 목표 아래 디지털 위안화 발행을 서두르고 있다. 중국의 노력에 자극을 받아 일본, 유럽연합, 미국도 디지털화폐 발행을 검토하기 시작했다. 한국은행도 디지털화폐 발행 방안을 마련 중이다.

중국이 디지털 위안화를 발행할지라도 그것 때문에 달러화 주도권이 약화할 가능성은 낮다. 화폐의 영향력은 발행국 위상이 결정하므로 중국과 미국의 위상이 현저하게 역전되지 않는 한 디지털화폐가 일상화해도 위안화가 기축통화 자리를 차지하는 일은 일어나지 않을 것이다.

디지털화폐를 범용화해도 모든 나라가 화폐 주권을 포기하지 않는 한 아날로그화폐 하나만 사용할 때와 달라질 것

은 별로 없다. 화폐 발행 이익이 정부 수입이고 통화량 조절이 경제 정책 수단 가운데 하나인 까닭에 어떤 나라든 화폐 주권을 쉽게 포기할 것 같지는 않다.

국제금융의 주도권 경쟁

금융을 지배하는 나라가 세상을 지배한다고 한다. 현재 국제금융의 중심지는 뉴욕, 런던, 홍콩이다. 최근에는 중국화하는 홍콩을 대체할 아시아의 금융 중심지로 싱가포르가 부상 중이다. 경제 규모 세계 2위와 3위인 중국과 일본에도 금융 중심지가 있을 법하지만 그렇지 않다. 중국과 일본은 금융 산업이 낙후된 편이라 상하이나 도쿄를 국제금융의 중심지로 보긴 어렵다. 영국 제조업을 세계 최고라고 평가하는 사람은 없다. 그런데도 영국은 매년 국가 평가에서 선두를 차지한다. 여기에는 런던이 국제금융의 중심지라는 사실이 기여하는 바가 크다.

뉴욕은 명실상부한 국제금융 중심지다. 심지어 월스트리트가 메인스트리트를 지배한다는 말도 있다. 미국 금융기업은 세계 금융을 좌지우지하는데 그들이 운영하는 자금이 모두 미국 자본은 아니다. 세계 자본주들은 투자처를 찾아 미국, 특히 뉴욕으로 몰려든다. 미국 금융기업이 최고 수준의 금융 노하우를 가지고 있기 때문이다.

일부에서는 금융 위기 원인을 유대인이 주도하는 국제금융 자본가들의 음모에서 찾기도 한다. 이는 거대한 자금을 굴리는 유대인이 취약한 나라를 골라 공격한 다음 그 과정에서 막대한 이득을 챙긴다는 주장이다.

이러한 주장의 진위를 가리기는 쉽지 않다. 개인이든 기업이든 국가든 그 대상을 가리지 않고 취약점이 있을 때 공격하는 것이 금융의 속성이기 때문이다. 유대인이 아니어도 시장을 움직일 만한 자금력을 쥔 사람은 누구나 공격자가 될 수 있다.

국제금융의 공격으로부터 한국경제를 지키는 효과적인 길은 경제 체질을 강화해 공격당할 빌미를 주지 않는 것이다. 외환위기 이후 한국 기업들이 부채 비율을 현저하게 낮춘 게 대표적인 체질 강화 사례다. 정부가 4,000억 달러가 넘는 외환을 보유하는 것도 국제금융 투기세력이 한국을 공격하지 못하게 하는 데 기여한다.

기술과 패권 경쟁

오늘날에는 기술 경쟁이 날로 치열해지고 있다. 구체적으로 말해 기술선진국인 미국, 영국, 독일, 스위스, 러시아, 이스라엘, 싱가포르, 중국, 일본, 한국이 AI·바이오·차세대 통신·항공 우주·로봇·슈퍼컴 같은 첨단기술을 놓고 선두 다툼을 벌이고 있다.

기술력은 경제 경쟁의 승패를 가르는 가장 중요한 요소다. 더구나 현재 개발 중인 첨단기술은 모두 군사기술 용도로도 쓰인다. 기술을 선점하는 나라가 군사력에서도 앞서므로 기술 경쟁은 곧 국가 간의 패권 경쟁이기도 하다.

공정한 경쟁 질서를 구현할 장치를 갖춘 나라에서는 부유하거나 힘이 세거나 많이 배웠다고 해서 가난하거나 약하거나 배우지 못한 사람을 부당하게 대우하지 못한다. 적어도 이론상으로는 그렇다. 그러나 국제사회에서는 그런 논리가 잘 통용되지 않는다. 국제 규범이 제대로 확립되지 않은 데다 그동안 정립해온 규범조차 그 이행을 보장할 장치가 빈약하기 때문이다. 그 결과 국가 간의 분쟁에서는 힘의 논리가 지배하는 일이 빈번하게 일어난다.

특히 미국이 주도해오던 국제 질서에 중국이 도전장을 던지면서 촉발한 기술 경쟁이 치열하게 벌어지고 있다. 그것이 누가 첨단기술을 먼저 개발하느냐 하는 선의의 경쟁이면 좋겠지만 미국과 중국 모두 공정한 경쟁 질서를 따르는지는 의문이다. 아무튼 두 나라 모두 우리의 중요한 교역 파트너이므로 우리는 미국과 중국 간의 주도권 쟁탈전을 수수방관할 수 없다.

2차 세계대전 이래 국제무역의 표준으로 자리를 잡아가는 자유무역 질서를 더욱 확고히 정립하도록 뜻을 함께하는 나라들이 힘을 모아야 한다. 그 바탕 위에 미국과 중국에도 자유무역 질서를 준수하라고 요구해야 한다. 하지만 그런 노력도 우리가 기술 경쟁에서 낙오하면 별 소용이 없다. 결국 우리도 첨단기술 경쟁에 적극 나서야 한다. 지금껏 우리는 오랫동안 기술후진국이었으나 1980년대 이후 연구개발 활동에 매진한 덕분에 지금은 기술선진국과의 격차를 크게 좁힌 상태다.

첨예하게 벌어지는 국제 경쟁의 세계에서 뒤처지지 않으려면 우리도 다른 나라가 하는 것 못지않게 실력을 길러야 한다. 국민 한 사람 한 사람이 지닌 힘이 국력의 원천이다. 육체적인 힘을 경시해서는 안 되지만 더 중요한 것은 두뇌의 힘인 인적자본이다. 한국인의 인적자본이 세계 최고 수준에 이르면 자원 경쟁, 화폐와 금융전쟁, 기술 경쟁 등에 대해 지나치게 염려하지 않아도 된다. 세계 최고의 인재들이 모여 사는 나라가 그 정도의 문제를 해결하는 일은 그렇게 어렵지 않을 것이다. 그러므로 나날이 치열해져 가는 국가 간의 경쟁에 대비해서 해야 할 일은 우리나라 사람 각자가 지닌 그리고 우리 사회가 공동으로 가진 인적자본을 키워나가는 일이다.

국제경제 질서

국제경제에는 어떤 규칙이 있을까?

한 나라 안에서 이뤄지는 경제 활동은 상법을 비롯한 경제 법을 따르고 공정거래위원회 등의 행정기구가 이를 집행하는 책무를 진다. 이는 공정한 경쟁을 보장하고 경제 범죄를 예방하며 경제력 오·남용을 방지하려는 조치다. 시장경제 창달을 위해서는 경제 활동에 참여하는 모든 주체가 공정 경쟁 질서를 준수해야 한다.

국가와 국가의 관계에서는 여전히 영토, 인구, 경제 규모, 군사력, 자원을 중요시한다. 모든 나라가 공정한 국제경제 질서를 지키면 국력의 크고 작음은 그다지 문제될 것이 없다. 그러나 국력이 매우 강한 나라가 국제경제 질서를 무시할 경우 문제가 된다. 사실 강대국은 자국 국력을 오용하거나 남용하려는 동기가 강하다. 불공정하고 부당한 행위를 해도 징벌을 가할 힘 있는 주체가 없는 게 국제사회라 더욱 더 그렇다.

근래 한국이 중국과의 관계에서 불리한 위치에 놓인 것은 총량 규모가 세계에서 두 번째인 중국이 자유무역의 근간인 공정한 국제 질서를 제대로 준수하지 않기 때문이다. 국제사회에는 한국의 공정거래위원회나 미국의 연방교역위원회 같은 경쟁정책 당국이 없어서 국제경제 질서를 위반하는 나라를 처벌하기가 쉽지 않다.

국가 간 교역에는 모든 나라가 동의하며 집행 가능한 명시적 규범이 존재하지 않는다. 세계무역기구WTO나 국제사법재판소 같은 기구는 있지만 세계정부와 세계중앙은행은 없다. 그래서 무역과 관련해 국가 간 분쟁이 끊이지 않는다.

중상주의

국제 교역을 어떻게 다뤄야 할 것인가에는 여러 가지 학설이 있다. 대교역 시대가 열리고 식민지 개척 붐이 일면서 국가 간 교역이 빠른 속도로 증가하던 근세 초기에는 중상주의가 세계를 풍미했다. 이는 국제 교역의 주목적은 자국의 부를 증진하는 것인데 이것을 달성하기 위해 수출은 가능하면 늘리고 수입은 가급적 덜 하자는 주장이다. 쉽게 말해 수출을 많이 해서 번 돈으로 해외에서 금은보화를 사다가 쌓아두는 게 부국의 길이라는 얘기다.

중상주의는 불가능한 꿈이다. 모든 나라가 수출만 많이 할 수는 없다. 경제는 주고받는 것이며 일방적으로 받을 수는 없다. 자국이 수출하기를 원하면 상대국도 수출하기를 원하는 게 인지상정이다. 또한 수출해서 번 돈으로 금은보화를 쌓아두면 무엇이 좋은가? 금은보화가 사람을 먹여 살리는 것은 아니다. 그것을 활용해서 해외의 좋고 싼 것을 수입해 쓰고자 수출하는 것이지 수출 그 자체가 선은 아니다. 그런데 지금도 중상주의에 사로잡히는 경우가 많다. 수출은 좋으나 수입은 나쁘다는 인식은 완전히 사라지지 않았다.

자유무역주의

중상주의를 대체해서 등장한 것이 자유무역주의다. 이것은 말 그대로 국가 간 교역을 가능하면 자유화하자는 주장이다. 국내의 자유로운 경쟁이 최선의 결과를 낳듯 국가 간 거래도 자유로운 경쟁이 최선의 결과를 낸다는 말이다.

20세기 중반 이래 국가 간 교역이 매년 큰 폭으로 증가한 것은 자유무역주의가 대세를 이뤘기 때문이다. 그렇게 된 데는 전후 세계 제일의 강대국으로 등장한 미국이 자유무역을 표방한 정책을 편 게 주효했다. 미국 내 사정이 좋지 않을 때는 보호무역으로 회귀하려는 움직임도 보였지만 전반적으로 미국은 자유무역 창달에 앞장서왔다. 그것이 경제력이 막강한 미국이 자국 이익을 위해 취한 조치라는 비판을 받기도 했으나 미국이 견지해온 자유무역 정책이 수많은 나라의 경제 발전에 도움을 준 것은 사실이다. 그 대표적인 사례가 한국과 일본이다. 중국, 인도, 베트남 경제가 부흥한 것도 자유무역에 힘입은 바가 크다.

보호무역주의

국내의 자유로운 경쟁에 찬동하지 않는 사람은 물론 그것에 찬동하는 사람조차 국제무역에서 자유무역이 국익 증진에 도움을 주지 않는다고 생각하는 경우가 있다. 자유무역은 강자인 선진국에 유리한 논리라는 얘기다. 그들이 대안으로 내세우는 것이 보호무역주의다. 이는 한마디로 국내 시장을 닫아두거나 연다고 해도 부분적으로 여는 게 국익 증진의 길이라는 주장이다.

농산물 시장 개방에 반대하거나, 외국인의 국내 자산 취득을 제한하자거나, 법률·의료·교육 분야에 외국인 진출을 허용하지 말자는 주장은 모두 보호무역주의의 일환이다. 외국인, 외국 기업, 외국 돈 진입을 방지하자는 것도 마찬가지다.

보호무역에 치우친 정책을 펼치고도 경제 발전에 성공한 나라는 하나도 없다. 반면 국산품과 자국인의 세계시장 진출을 독려하면서 단계적 개방정책을 펼쳐온 나라 가운데 발전에 성공한 사례는 아주 많다. 동아시아만 해도 일본, 한국, 대만, 홍콩, 싱가포르가 발전에 성공한 것은 세계시장을 적극 활용한 결과다. 그것을 본받은 중국, 베트남, 인도의 경제 발전도 세계시장과의 연계를 강화해서 이룩한 것이다. 이들 가운데 싱가포르와 홍콩, 대만은 비교적 초기부터 자국 시장을 개방했으나 일본과 한국은 상대적으로 늦게 시장 개방에 동참했다. 중국은 수출을 장려하고 외국인의 직접 투자를 장려하는 등 대외 지향적 발전을 추구하면서도 자국 시장을 개방하는 데는 상대적으로 소극적인 입장을 보이고 있다.

동태적 비교우위

보호무역을 옹호하는 논리 가운데 하나가 동태적 비교우위 가설이다. 이는 교역 이론의 핵심 명제인 비교우위 가설을 확장한 것으로 지금은 없는 비교우위도 새로 만들어낼 수 있다는 주장이다.

1970년대만 해도 자동차 산업이나 철강 산업에서 한국이 비교우위를 지녔다고 생각하는 사람은 하나도 없었다. 한국이 다른 나라에 비해 상대적으로 더 잘할 수 있는 분야가 아니었기 때문이다. 그러나 2020년 현재 한국의 자동차와 철강 산업은 세계적 수준에 도달했다. 이는 수십 년간 투자해서 비교우위를 창출한 결과 가능해진 일이다. 이것이 바로 동태적 비교우위 가설을 구현한 사례다.

동태적 비교우위 가설은 옳은 주장이지만 모든 나라가 비교우위를 만들어낼 수 있는 것은 아니다. 사실 없는 비교우위를 만들려고 투자했다가 실패로 돌아간 사례가 무수히 많다. 과연 그 성공 비결은 무엇일까? 이는 꽤 어려운 질문이다. 그래도 그동안 한국이 비교우위를 만들어낸 분야가 많으므로 우리는 여기서 교훈을 얻을 수 있다.

앞서 말한 자동차와 철강 외에 조선, 반도체, 액정 스크린,

휴대전화, 석유화학은 모두 한국에 없던 비교우위를 만들어 낸 사례에 속한다. 이것은 세계시장 조류를 제대로 읽어낸 기업가와 정부가 합심해서 노력한 결과다. 최근에는 화장품과 식품은 물론 게임, 만화, 노래, 춤, 영화, 스포츠에서도 세계시장을 제패하는 사례가 등장하고 있다. 이들도 본래 우리에게 비교우위가 있던 영역이 아니었다. 오히려 모두 새로 개척한 분야다. 다시 말해 할 수 있다는 정신으로 실패를 거듭하면서도 도전했기에 가능해진 것이다. 한 가지 공통점은 모두가 세계시장을 무대로 하고 있다는 사실이다. 그런 결과를 얻으려면 보호막을 걷어내고 아무도 도와주지 않는 치열한 경쟁에서 살아남기 위해 죽을힘을 다해 노력해야 한다.

여기서 우리는 한 가지 중요한 교훈을 얻을 수 있다. 그것은 한국인의 뛰어난 자질이 우리가 가진 가장 중요한 비교우위 원천이라는 점이다. 국내는 물론 세계 어느 곳에서든 불굴의 자세로 난관을 극복하고 성공을 이뤄내는 게 한국인의 장점이다. 바로 그것이 한국이 갖춘 가장 중요한 자원이자 비교우위 원천이다.

통상 분쟁과 한국

경쟁정책을 펼치는 국내에서조차 경제력이 강한 자가 횡포를 부리는 일이 사라지지 않는데 경쟁정책을 펼 당사자가 없는 국가 간 거래에서는 그런 일이 얼마나 자주 일어나겠는가. 미국이 세계 정부 역할을 담당하는 동안에는 자유무역 질서를 위반하는 나라에 제재를 가할 수도 있지만 미국 스스로 그런 역할을 포기하거나 그 능력을 상실하면 국가 간 거래에서 힘의 논리가 지배하는 일을 방지하기 어렵다.

한 사례로 중국이 한국이 배치한 전략 무기를 트집 잡아 중국에서 사업을 하는 한국 기업에 불이익을 주고 중국인의 한국 여행을 금지한 것은 분명 자유무역 질서에 어긋나는 일이다. 하지만 미국은 물론 어떠한 국제기구도 중국의 그러한 행태를 잘못된 것이라고 지적하지 않았다. 그야말로 강대국이 부리는 횡포를 방관한 것이다. 문제는 그렇다고 한국이 섣불리 보복조치를 취할 수도 없다는 점이다. 그저 중국경제 의존도를 낮추는 자구책을 강구하는 것이 전부다. 이미 많은 한국 기업이 사업장을 중국에서 인도와 베트남 등지로 옮기고 있다. 중국이 힘의 논리를 견지하는 한 탈중국 추세는 더욱 거세질 것으로 보인다.

많은 나라가 다른 나라와의 경쟁에서 자국 산업을 보호하려는 조치를 취한다. 대개 수입규제 조치로 그것을 현실화한다. 어떤 것은 아예 수입을 금지하고 또 어떤 것은 수입을 허용하되 고율의 관세를 매기거나 비관세 장벽을 높이 쌓아 수입하기 어렵게 만든다. 심지어 국산품을 애용하고 외제를 쓰지 말자는 '애국 마케팅'을 벌이기도 한다.

과연 국산품 애용은 올바른 생각일까? 싸고 좋은 물건인데 외제라고 배격하고 성능이 별로에다 값까지 비싼 것을 국산품이라고 선택하는 게 합리적일까? 아마 그렇다고 생각하는 사람은 많지 않을 것이다. 물론 그렇게 해야 한다고 믿는 사람이 스스로 그런 선택을 하는 것은 자유다. 그러나 남들도 그렇게 하라고 강요해서는 안 된다.

국가 간 교역과 교류에서도 역지사지하는 자세를 가진다면 수출은 장려하면서 수입은 억제하는 게 불합리한 일임을 납득할 수 있다. 내가 수출하기를 원하는 것 못지않게 상대도 나에게 수출하기를 원하며, 내가 수입을 꺼리는 것 못지않게 상대도 수입을 꺼린다. 국산품을 더 잘 만들어서 세계 시장에서 애국 마케팅의 대상이 되는 제품을 도태시키는 게 더 나은 전략이다.

4
위기와 세계경제

우리는 어떤 위기를 대비해야 할까?

현대인은 수많은 위기에 노출되어 있다. 국제 관계가 단순했던 때는 자연재해, 풍년과 흉년, 외적 침입, 국왕의 실정과 내란, 역병 창궐이 국가 존립을 위태롭게 했다. 당시에는 한 나라에서 발발한 위기가 다른 나라로 확산될 가능성이 매우 낮았다. 지금은 위기의 종류도 많아졌고 한 나라에서 발발한 위기가 아주 빠른 속도로 다른 나라로 확산될 위험이 커졌다. 현대인은 전부터 있던 위기에 더해 자원, 기후, 금융, 재정, 외채, 전염병, 전쟁, 살상 무기 위기 등에 노출되어 있다. 더구나 세계화 진전으로 세계가 하나로 연결되면서 한 나라 또는 한 지역에서 위기가 발생하면 그것이 아주 빠른 속도로 전 세계로 확산된다.

그 여러 가지 위기 가운데 금융 위기와 전염병 위기를 알아보자.

금융 위기

2008년 발발해 전 세계를 휩쓴 금융 위기 기억이 아직 생생한 사람이 많을 것이다. 미국 금융기관이 앞다퉈 신용등급이 낮은 사람들에게 주택을 담보로 빌려준 거액의 자금이 회수불능 상태에 빠지면서 튼튼하던 거대 금융기관마저 도산 위기에 빠진 것이 2008년 미국발 금융 위기다. 금융과 연결되지 않은 산업이 하나도 없었던 탓에 금융 위기는 미국 경제를 커다란 위기로 몰아넣었다. 신용경색에 몰린 수많은 기업이 도산했고 집 잃은 신용불량자가 속출했으며 멀쩡히 직장에 다니던 사람들이 하루아침에 실업자로 전락했다.

금융 위기는 금융기관이 한 분야에 집중해 자금을 배분할 때 발생하는 경향이 있다. 21세기 들어 발생한 닷컴버블 사태, 신용카드 위기, 중소 조선업 위기는 한국의 거의 전 금융기관이 '돈이 되는 곳'에 자금을 집중 배분한 결과 발생한 위기다. 당시 그게 돈이 되자 자금을 집중 배분했고 자금이 풍부해진 해당 분야는 더 잘 풀려갔다. 그러자 또다시 자금

투입을 되풀이하다가 버블이 붕괴해 위기를 맞은 것이다.

현재 한국 금융기관이 안고 있는 가장 큰 잠재적 위기는 가계에 빌려준 주택담보대출이 부실화하는 일이다. 최근에는 신용대출마저 붐을 이루고 있다. 많은 신용대출이 주택이나 증권 거래에 쓰이는데 행여 주가나 주택 가격이 하락하면 많은 이가 원리금을 갚지 못하는 사태가 벌어져 은행이 지급불능 사태에 빠지는 문제가 발생할 수 있다.

국내외 경제 환경은 중앙은행인 한국은행이 저금리 기조를 바꾸기 어렵게 만들고 있다. 여기에다 정부마저 전례 없는 적자재정을 펼치고 있다. 그 결과 시중에 돈이 넘쳐나고 있는데 그중 많은 부분이 주택시장과 증권시장에 몰려 있다. 정작 생산을 담당하는 기업부문으로는 돈이 잘 흘러가지 않고 있다. 수입 물가가 저렴해서 전반적인 물가상승률은 높지 않지만 인플레이션이 재발할 가능성은 점점 높아지고 있다.

주택시장과 주식시장에 몰린 돈을 적절히 관리하는 데 실패하면 거품이 생기는 것은 시간문제다. 거품은 꺼지게 마련이며 거품이 붕괴될 때는 수많은 사람이 파산하는 사태가 벌어진다. 그 여파가 금융 위기로 번지지 말라는 법은 없다.

전염병 위기

2020년 초 창궐한 코로나19 바이러스 감염증이 전 세계를 휩쓸고 있다. 비교적 선방했다는 평가를 듣는 한국도 확진 판정을 받는 사람의 숫자가 좀처럼 줄어들지 않으면서 위기감이 사라지지 않고 있다.

코로나19 바이러스처럼 세계 곳곳에서 발생해 수많은 인류에게 위해를 가하는 질병을 범유행전염병pandemic이라 한다. 세계보건기구는 국가 간 공조로 팬데믹에 대처하자고 주장하지만 코로나19 사태에서는 국가 간 공조 사례를 찾아보기 힘들다. 오히려 자기만 살겠다고 발버둥치는 민낯을 드러내고 있다. 질병 발원지를 두고 논란을 벌이는 것을 넘어 심지어 상대방이 일부러 바이러스를 퍼뜨렸다는 뉴스를 내보내는 경우도 있다.

지금은 하나의 세계답게 지구상 어느 한 나라 혹은 한 지역에서 발생한 역병도 불과 수일 내에 전 세계로 퍼져간다. 바이러스를 옮기는 사람과 물자의 국가 간 이동이 빈번하기 때문이다. 전염병이 국경을 넘어 확산되는 것을 방지하기는 매우 어렵다. 아니, 사람과 물자 이동을 전면 금지하기 전에는 막는 게 불가능하다. 한 나라 안에서도 매일 사람과 물자가 이동하지 않을 수 없으므로 전염병은 빠른 속도로 확산된다.

인류는 역사 이래 수많은 범유행전염병에 시달려왔다. 20세기 이후만 봐도 세계보건기구가 팬데믹으로 규정한 홍콩독감(1968년), 신종플루(2009년), 코로나19(2020년) 외에 후천성면역결핍증AIDS, 사스(2003년), 에볼라(2014년), 지카바이러스(2015년), 메르스(2015년)가 아직도 기억에 생생한 세계적인 전염병으로 남아 있다.

범유행전염병은 인류사를 바꿔놓기도 한다. 중세 유럽을 초토화한 흑사병이 그 대표적인 사례다. 유럽 인구의 약 절반이 흑사병으로 목숨을 잃자 노동가치가 상승하고 지가가 하락한 결과 영주들이 농민을 노예처럼 부리던 봉건제도가 무너졌고 이는 곧 근대로의 이행을 촉발했다. 이것은 인류사의 흐름을 바꿔놓은 대변혁이었다.

코로나19가 또다시 세상을 바꿔놓을지는 아직 판단하기 이르다. 그렇지만 이 사태가 상당 기간 이어지면 우리가 그동안 살아온 방식을 크게 뜯어고쳐야 할 것이다. 우선 다수가 같은 시간대에 같은 장소에 모이는 일을 지속하기 어렵다. 이 경우 비대면 비즈니스가 붐을 이루고 사회적 거리두기가 일상화한다. 이러한 변화는 사회적 동물인 인간의 삶에 부정적 영향을 줄 것이 분명하다.

팬데믹의 폐해 가운데서도 그것이 개인과 공동체의 인적 자본을 심각하게 훼손한다는 사실에 특히 주목해야 한다. 전염병에 걸린 사람의 인적자본이 손상되는 것도 문제이지만 팬데믹이 유아원에서부터 대학원에 이르기까지의 전 교육과정을 마비시키는 게 더 큰 문제다. 그동안 매우 빈번하게 열리던 각종 대면 모임을 비대면 모임으로 전환하는 데서 오는 인적자본 손실도 만만치 않게 크다. 팬데믹에 노출된 세대가 출산한 아동의 인적자본 성취도가 떨어진다는 연구 결과도 우려를 낳는다.

인적자본을 형성하는 데서 온라인 수업이나 비대면 회의가 얼굴을 마주 보며 진행하는 수업이나 회의보다 아직은 비효율적이다. 새로운 기술과 제도와 정책과 아이디어의 발굴과 응용을 통해서 비대면 경제 활동의 생산성을 높이면 도움이 될 것이다. 준비가 덜 된 상태에서 대면 교육을 중단한 탓에 피해를 본 모든 학생을 대상으로 재교육 내지는 보충 교육 프로그램을 운영할 필요도 있다. 팬데믹을 겪은 산모가 낳은 유아의 지력이 저하된다는 연구 결과에 유념해서 팬데믹 시기에 탄생한 아동을 한층 더 세심하게 보살펴야 할 것이다.

　물론 인간은 새로운 상황에 적응하는 능력이 매우 뛰어나다. 코로나19도 결국 극복할 것이다. 설령 바이러스를 완전히 퇴치하지 못할지라도 바이러스와 함께 생존하고 번영하는 길을 찾아낼 가능성이 크다. 근대 들어 오랜 잠에서 깨어난 인간의 두뇌가 그동안 이뤄낸 성과를 보면 코로나19를 극복하지 못할 이유는 없다.

　코로나19를 성공적으로 이겨내더라도 안심해서는 안 된다. 코로나19에 버금가거나 그것을 능가하는 팬데믹이 인류를 위협할 가능성이 높다. 80억에 달하는 사람들이 지구의 아주 작은 일부에 모여 사는데다 세계 인구의 절반이 극히 불량한 위생 환경 속에서 살고 있고, 잘사는 나라와 못사는 나라 사이에 보건과 의료의 차이가 크며, 인류가 자연 생태계를 교란하는 행위를 그치지 않고 있으므로, 범유행전염병을 근절한다는 것은 실현 불가능한 꿈이다.

미래 세상과
한국경제

1
자원, 환경, 기후

우리의 미래는 어떤 모습일까?

미래 세상은 우리가 만들어간다. 그러나 우리의 힘만으로는 안 되며 무수히 많은 일이 우리가 가는 길에 영향을 미친다. 과거에는 천재지변이 운명을 좌우했으나 이제는 여기에 더해 국제정세 변화가 국운을 좌우한다. 그렇긴 해도 우리가 지금 무엇을 어떻게 선택하느냐에 따라 미래가 정해지는 것은 변함없는 사실이다.

천연자원은 고갈될 것인가

일부에서는 인류가 산업혁명 이후 오늘에 이르기까지 해오던 대로 자연환경을 다루고 천연자원을 사용하는 일은 지속가능하지 않다고 주장한다. 산업혁명 이후 인류가 지구에서 벌인 경제 활동 규모는 180배 이상 증가했고 자원 사용량은 그보다 더 크게 늘어났다. 세계경제가 현재 속도로 발전할 경우 인류가 벌이는 경제 활동 규모와 자원 사용량은 지금과 비교하기 힘들 정도로 크게 증가할 것이다.

인류가 유한한 지구 자원을 사용하는 양이 빠른 속도로 늘어나는 현상이 과연 언제까지 가능할지는 의문이다. 그리 멀지 않은 시간 내에 우리가 필요로 하는 자원이 완전히 고갈되는 사태가 벌어지지 않을까?

우리가 지금 알고 있는 것보다 더 많은 양의 자원을 발견하거나, 지금까지 해온 것보다 더 효율적으로 자원을 채취해 사용하거나, 기존 자원을 대체할 새로운 자원을 발견 혹은 발명하지 못하면 자원은 틀림없이 고갈된다. 다행히 아직까지는 자원 고갈 조짐을 발견할 수 없다. 그러나 앞으로도 계속 그럴 것이라고 보장할 수 있는 사람은 아무도 없다.

지구온난화, 기상이변 그리고 인류의 미래

의도했든 하지 않았든 인류는 경제생활을 영위하면서 자연환경을 오염시키고 파괴한다. 경제 규모가 작을 때는 자연과 공존하는 것이 가능했으나 인류가 오염시키고 파괴하는 정도가 자연의 재생 능력을 넘어선 지 이미 오래다. 지금 이 순간에도 인류는 자연환경을 파괴하고 있다.

인류가 만들어내는 환경 재앙 가운데 가장 심각한 것이 기후 위기다. 실제로 지구의 평균 온도가 상승하면서 지진, 화산 폭발, 태풍, 해일, 폭우, 폭설, 폭풍, 전염병 창궐 같은 문제가 지구 곳곳에서 동시다발적으로 일어나고 있다.

기후 위기의 주범인 지구온난화는 인류가 온실가스를 지나치게 많이 배출한 것에서 비롯된다. 사실 경제 활동을 영위하려면 많은 양의 에너지가 필요하다. 산업혁명 이래 인류는 필요한 에너지를 거의 대부분 석탄, 석유, 천연가스 같은 화석연료에서 얻었다. 다시 말해 화석연료를 태울 때 나오는 열에너지가 인류의 경제생활을 지탱해주는 주요 에너지원이다. 현대 인류는 화석연료 없이는 단 하루도 살아가기 어렵다. 우리는 지금 이 순간에도 엄청난 양의 화석연료를 태우고 있다.

문제는 화석연료가 탈 때 우리에게 유용한 열에너지만 나오는 게 아니라는 데 있다. 화석연료는 본래 탄소 덩어리로 그것을 태우면 반드시 이산화탄소가 발생한다. 화석연료 사용량이 미미했던 20세기 전반까지는 이산화탄소가 크게 문제되지 않았다. 그런데 20세기 후반 들어 인류의 경제 활동 규모가 아주 빠른 속도로 커지면서 이산화탄소 배출량이 급증하자 상황은 달라졌다. 지구가 흡수할 수 있는 양을 초과한 이산화탄소가 성층권에 누적되기 시작했기 때문이다.

성층권에 누적된 이산화탄소가 지구를 거대한 온실로 만든 결과 지표면과 해수면 온도가 상승했다. 다음 그래프는 해당 연도 기온이 1951~1980년 평균치와 얼마나 차이가 나는지 보여준다. 이를 보면 2020년 기온은 평균치보다 섭씨 1도 높다. 이는 1880년 이래 가장 저온이던 1909년에 비해 1.5도 높아진 것이다. 1.5도를 별것 아니라고 착각하면 안 된다. 이 정도 기온 상승으로도 빙산과 빙하, 만년설이 녹으면서 해수면이 매년 3.3mm씩 상승하고 있다는 사실이 그 단적인 증거다.

현재 추세대로라면 지구온난화 현상은 앞으로 더욱 가속화할 전망이다. 인류가 배출하는 이산화탄소 양이 계속 증가하고 있기 때문이다.

지구 온도가 높아지면서 해류와 대기 흐름이 크게 바뀌고 있다. 그 결과 폭풍, 태풍, 지진, 해일, 산불, 화산 폭발, 폭우, 홍수, 가뭄, 물 부족, 극심한 더위와 추위 같은 기후 재앙

(섭씨, 도)

지구 표면(해수면 포함)의 온도 변화(1880년~)

이 빈번해지고 그 규모도 대형화하고 있다. 이미 해수면 상승으로 수몰 위기에 놓인 저지대가 한두 곳이 아니다. 자연을 정복했다며 자만하던 인류가 기후 재난으로 종말을 맞을 수도 있는 상황이 펼쳐지고 있는 것이다.

기후 변화에 어떻게 대처할 것인가

기후 재앙의 원인이 지구온난화에 있고 성층권에 누적된 온실가스가 지구온난화 주범이라는 연구 결과는 온실가스 배출량을 줄이는 것이 기후 재앙을 막는 거의 유일한 길임을 말해준다. 안타깝게도 인류가 화석연료에 의존하는 현재의 생활 방식을 획기적으로 바꾸지 않는 한 온실가스 배출량을 줄이는 것은 불가능하다. 경제 활동 규모를 줄여야 그것이 가능한데 세상 어떤 나라도 경제 축소 상황을 받아들이려 하지 않기 때문이다. 그래서 차선책으로 나온 것이 온실가스 배출량이 증가하는 속도를 늦추자는 안이다.

과연 온실가스를 줄이려면 어떻게 해야 할까? 온실가스를 적게 배출하는 에너지원을 개발하는 것이 하나의 방안이다. 예를 들면 수력, 풍력, 지열, 태양광, 조력, 원자력에서 우리가 필요로 하는 에너지를 조달하는 것이 있다. 이 중 수력과 원자력을 제외하면 어느 것도 석탄, 석유, 천연가스와 비용이나 효율 측면에서 경쟁할 수 없다. 한국은 수력발전을 주요 에너지원으로 삼기에는 입지조건이 열악하다. 원자력은 온실가스 배출량이 매우 낮아 클린에너지라는 평가를 받으며 그동안 한국 전력 공급의 상당 부분을 담당해왔지만 최근 탈원전 정책으로 뒷전으로 밀려났다.

풍력, 태양광, 지열, 조력을 한국의 주요 에너지원으로 삼기엔 부족한 점이 많다. 이들을 활용한 발전 단가가 높을 뿐 아니라 그것을 건설, 운영, 폐기하는 과정에서 적지 않은 양의 온실가스가 배출되고 환경 파괴와 오염이라는 부작용도 낳는다. 그야말로 세상에 공짜로 얻을 수 있는 건 없다. 만일 풍력, 태양광, 지열, 조력이 정말 친환경이고 비용이 저렴한 에너지원이었다면 정부가 나서서 독려하고 지원하지 않아도 이미 널리 보급되었을 것이다.

그러면 다른 대안은 없을까? 우선 화석연료 중 온실가스를 적게 배출하는 연료를 더 쓰고 화석연료를 채취, 가공, 이용하는 기술을 개발해 같은 양의 화석연료로 더 많은 에너지를 생산해야 한다. 또 화석연료를 이용할 때 발생하는 온실가스 배출량을 저감하는 방안을 찾아낼 필요가 있다. 이것이 경제생활의 전 측면에 걸쳐 에너지를 지금보다 더 효율적으로 사용하는 대안이다.

우리가 주로 화석연료를 사용하는 것은 현재의 인센티브 시스템에서는 그것이 편익 대비 비용이 가장 적게 드는 대안이기 때문이다. 산업혁명이 일어난 이래 지금까지 인센티브 시스템은 그렇게 되어 있다. 그러므로 사람들이 온실가스 배출을 줄이는 방향으로 움직이게 유도하려면 인센티브 시스템을 다시 세워야 한다. 온실가스 배출량에 비례해 벌금을 매기고 온실가스 배출량을 줄이려는 노력에는 상을 주는 것도 하나의 방안이다. 석유, 석탄, 천연가스, 전력에 탄소세를 부과하는 한편 에너지 고효율 제품에 보조금을 주는 것도 좋다.

한국만 온실가스를 줄인다고 해서 지구온난화 문제를 해

결할 수 있는 것은 아니다. 이는 온실가스를 배출하는 모든 나라가 공동으로 노력해야 해결이 가능한 문제다.

현재 세계에서 가장 많은 양의 온실가스를 배출하는 중국은 온실가스를 줄이는 데 소극적이다. 중국은 미국과 서유럽 국가가 온실가스를 다량 배출하면서 경제 발전을 이뤄 놓고 이제 겨우 발전하기 시작한 중국에 온실가스 배출량을 크게 줄이라고 요구하는 것은 경제 성장을 포기하라는 것과 다름없다며 반발한다. 이 주장에 수많은 저개발국이 동조하고 있다.

탈원전 경제학

다음 표에서 2010~2019년 에너지원별 발전 현황을 보면 2019년 발전량의 25.9%를 원자력이 담당하고 있다. 이는 2010년의 31.3%에서 낮아진 수치다. 반면 신재생에너지 비중은 1.7%에서 6.5%로 높아졌다. 석탄 비중이 40.4%고 천연가스 비중은 25.6%인데 전자는 42.3%에서 조금 낮아진 수치고 후자는 21.4%에서 소폭 증가한 수치다. 이처럼 발전량의 66%를 화석연료가 담당한 결과 발전부문에서 다량의 온실가스를 배출하는 게 현실이다.

원자력발전은 전력 생산 과정에서 온실가스를 극히 조금 배출한다. 원자력발전소를 건설하고 송전하는 과정에서 온실가스를 배출하지만 이는 화력발전도 마찬가지다. 신재생에너지 역시 생산 과정에서 온실가스를 전혀 배출하지 않는 게 아니다. 가령 산지와 토지를 태양광발전을 위해 전용할 경우 산림과 토지는 더 이상 이산화탄소를 흡수하지 못하는데 이는 그만큼 온실가스를 배출하는 것과 같다.

그렇다면 원전 비중을 지금보다 높이거나 적어도 현재 수준을 유지하는 게 합리적일 듯하지만 정부 판단은 이와 다르다. 원전 사고에 따르는 피해와 폐기물 관리 등 사후 처

		계	원자력	석탄	가스	신재생	유류	양수
2010	발전량	474,660	148,596	200,974	101,507	8,160	12,634	2,790
	비중	100	31.3	42.3	21.4	1.7	2.7	0.6
2011	발전량	496,893	154,723	202,856	112,646	12,190	11,245	3,233
	비중	100	31.1	40.8	22.7	2.5	2.3	0.7
2012	발전량	509,574	150,327	202,191	125,285	12,587	15,501	3,683
	비중	100	29.5	39.7	24.6	2.5	3	0.7
2013	발전량	517,148	138,784	204,196	139,783	14,449	15,832	4,105
	비중	100	26.8	39.5	27	2.8	3.1	0.8
2014	발전량	521,971	156,407	207,214	127,472	17,447	8,364	5,068
	비중	100	30	39.7	24.4	3.3	1.6	1
2015	발전량	528,091	164,762	211,393	118,695	19,464	10,127	3,650
	비중	100	31.2	40	22.5	3.7	1.9	0.7
2016	발전량	540,441	161,995	213,803	121,018	25,836	14,001	3,787
	비중	100	30	39.6	22.4	4.8	2.6	0.7
2017	발전량	553,530	148,427	238,799	126,039	30,817	5,263	4,186
	비중	100	26.8	43.1	22.8	5.6	1	0.8
2018	발전량	570,647	133,505	238,967	152,924	35,598	5,740	3,911
	비중	100	23.4	41.9	26.8	6.2	1	0.7
2019	발전량	563,040	145,910	227,384	144,355	36,392	3,292	3,458
	비중	100	25.9	40.4	25.6	6.5	0.6	0.6

리의 어려움을 생각하면 원자력 비중을 줄이는 게 옳다고
판단한다.

2019년 현재 원전 의존도가 높은 나라는 프랑스(70.6%),
슬로바키아(53.9%), 우크라이나(53.9%), 헝가리(49.2%), 스웨
덴(34.0%) 순이다. 한국은 25.9%로 세계에서 열두 번째로 원

전 비중이 높다. 일본은 7.5%, 대만은 13.4%로 원전 의존도가 낮다. 중국도 4.9%로 낮지만 건설 중이거나 건설 예정인 원전을 감안하면 비중이 높아질 전망이다. 그 밖에 다른 나라의 원전 비중을 보면 미국 19.7%, 러시아 19.7%, 영국 15.6%, 캐나다 14.9%, 독일 12.4%다. 2019년의 원전 발전량에서 한국은 미국(8,094억 킬로와트시), 프랑스(3,824억 킬로와트시), 중국(3,301억 킬로와트시), 러시아(1,955억 킬로와트시)에 이어 다섯 번째인 1,459억 킬로와트시를 기록했다.

이러한 현황을 보고 한국의 원전 의존도를 지금보다 더 낮춰 20% 이하로 할 수 있겠다고 생각할 수도 있다. 그러나 작은 국토 면적과 산악이 많은 지형, 높은 에너지원 수입 의존도, 전력의 수출입 불가능성 등 한국의 특수성을 고려하면 원전 의존도를 낮추는 게 현명한 선택이 아닐 수도 있다.

원전 의존도를 낮추면서 온실가스 배출량을 줄이는 대안은 현재로서는 신재생에너지 비중을 높이는 게 유일하다. 문제는 신재생에너지의 발전 단가가 다른 어느 방안보다 높다는 데 있다. 관련 기술의 획기적인 발전으로 비용을 절감할 수 있기를 기대하지만 단시일 내에 그렇게 될 가능성이 낮다.

2
기술 변화와 대한민국

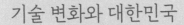

디지털 기술은 우리나라 경제에 어떤 영향을 줄까?

디지털 시대의 경제 변화

오늘날에는 기술 발전 속도가 매우 빠르고 신기술이 각 지역으로 전파되는 속도 역시 빠르다. 이러한 기술 발전은 우리 삶을 크게 바꿔놓고 있다. 가령 우리가 지금 사용하는 휴대전화는 불과 몇 년 전에 사용하던 것과 완전히 다르다. 몇 년 사이 일어난 기술 변화가 그렇게 만들었다. 어디 휴대전화뿐인가. 우리 주위의 모든 것이 변화하고 있다. 정보통신 기술이 발달하지 않았던 예전 같았으면 코로나19 사태가 더 큰 혼란을 야기했을 것이다. 그러나 첨단기술 덕분에 가능해진 다양한 형태의 비대면 경제 활동이 코로나19의 충격을 상당한 부분 흡수하고 있다.

한편에서는 기술 발전에 우려의 목소리를 내기도 한다. 그중 하나는 새로운 기술을 오용하거나 악용할 가능성이 있다는 것이다. 범죄 집단과 악성 정권이 새로운 기술을 착취와 억제 수단으로 사용할 수도 있다. 또 어떤 경우에는 처음부터 나쁜 의도로 기술을 개발하기도 한다. 살상력이 큰 첨단 무기, 독성 화학물질, 생물 무기를 개발하는 게 대표적인 사례다. 이 문제에 어떻게 대처하는 것이 좋은지는 아직 누구도 정답을 모른다. 과학기술자들의 윤리교육을 강화하자는 주장이 일리는 있지만 실수나 고의로 기술을 오·남용하는 일을 근절하는 것은 불가능하다.

인공지능과 인류의 미래

최근 화두는 단연 인공지능이다. 인공지능 기술을 탑재한 기기가 우리 삶을 획기적으로 바꿔놓고 있기 때문이다. 관련 기술 발전 속도가 매우 빨라 하루가 다르게 새로운 기기가 등장한다. 인공지능 발달로 인간과 기계 사이의 관계도 달라지고 있다. 과거에 기계는 인간이 조종하는 대로 움직였다. 말하자면 기계가 인간의 노예였다. 지금은 그 관계가 동반자 단계에 들어섰다. 인공지능을 탑재한 기기들의 도움으로 우리의 육체적, 정신적, 지적 능력도 획기적으로 증대했다. 이처럼 인공지능의 도움을 받긴 하지만 아직은 인간이 인공지능을 제어하고 있다.

그러면 미래에는 어떻게 될까? 인공지능 발전 속도를 보면 그리 멀지 않은 미래에 인공지능이 인간지능을 여러 가지 측면에서 능가할 것으로 보인다. 이 경우 인간은 점점 더 많은 영역에서 인공지능이 시키는 대로 살아갈 가능성이 크다. 인공지능 의존도가 갈수록 높아지면서 멀지 않은 미래에 인간이 기계의 노예가 되는 시대가 펼쳐질 수도 있다. 그런 세상에서 살기를 원하는 사람은 얼마나 될까? 대다수는 불편을 감수할지언정 인간이 기계를 통제하는 세상을 버리고 싶어 하지 않으리라. 문제는 인공지능 발달 추세를 막을 방도가 없다는 데 있다.

인공지능 시대의 일과 일자리

인공지능과 관련해 사람들이 가장 두려워하는 것은 우리의 직업이 어찌될 것인가 하는 불안감이다. 무엇보다 인공지능이 발달하면서 수많은 직업이 사라질 것이라는 전망이 우리를 불안하게 만든다. 사실 인류는 산업혁명 이래 오늘에 이르기까지 항상 신기술이 각자의 천직을 앗아갈 것이라는 두려움 속에서 살아왔다. 기술이 변화함에 따라 일자리가 사라지는 것을 목도하고 있으니 불안해하는 건 조금도 이상하지 않다.

근래의 사례만 봐도 전화교환수, 요금징수원, 자가용기사, 버스안내원은 직업 자체가 사라지고 있다. 새로운 기술이 사람이 하던 일을 대체하기 때문이다. 그렇다. 분명 수많은 직업이 사라진다. 그러나 더 분명한 것은 사라지는 일자리보다 새로 생기는 일자리가 더 많다는 사실이다. 새로운 기술이 새로운 일자리를 창출하기 때문이다. 실제로 웹디자이너, 응용소프트웨어(앱) 개발자, 모바일게임 개발자, 웹툰 작가 같은 직업이 생겨나고 있다. 나아가 모바일 금융, 모바일 부동산중개, 핀테크, 인터넷 보안, 스마트팜, 새벽 배송 같은 사업 영역이 생겨나면서 일자리를 창출하고 있다.

기계가 먹여 살리는 시대의 삶

지능정보 기술이 발전하면 시간과 공간이 주는 제약을 더 잘 극복하고 지식과 정보를 자유자재로 활용할 수 있다. 이처럼 육체적, 지적 능력을 강화하는 일은 분명 자유 신장에

도움을 준다. 그렇지만 스마트기기 없이 살아가기 힘든 세상이 된다는 것은 그만큼 우리가 기계 의존적인 삶을 영위할 것임을 의미하기도 한다.

기계가 인간의 노동을 완전히 대체하는 세상이 오면 어떨까? 기계가 번 소득과 기계 소유주가 번 소득에 세금을 매겨 일자리를 잃은 사람에게 나눠주거나 기계 소유권을 나눠주어 기계가 버는 소득으로 살게 하면 사람은 노동에서 해방된다. 이는 지금 논의 중인 모든 국민에게 '기본소득'을 주자는 주장을 훨씬 뛰어넘는 일이다.

일하지 않고 살아가는 세상은 천국이 아니라 지옥이다. 우리가 일하는 것은 먹고살기 위해서만은 아니다. 자신과 가족, 이웃을 위해 쓸모 있는 일을 하고 있다는 것은 그 자체로 자긍심을 안겨준다. 따라서 먹고살기 위해 노동할 필요가 사라졌을 때 남아도는 시간을 어떻게 사용할 것인지 고민해야 한다. 지금도 남아도는 시간을 어떻게 쓸지 몰라 우왕좌왕하는 사람들이 있지 않은가. 일하지 않고 살 수 있는 세상이 도래해 '공짜' 시간이 생길 때 우리가 과연 그것을 '보람 있는' 일에 쓸지는 의문이다.

3

국제경제 정세 변화와 우리의 선택

세계 변화 속에서 우리나라는 어떤 선택을 해야 할까?

국제경제 정세 변화

근래 들어 국제정세가 한국에 불리한 방향으로 전개되고 있다. 긴밀하게 유지해오던 한일관계가 역사 문제로 파열음을 내고 있고 치열하게 대립 중인 미국과 중국이 서로 자기편에 서라며 압력을 넣고 있다. 전통 맹방인 미국과의 관계도 예전 같지 않고 국제사회의 제재에도 불구하고 핵을 포기할 생각이 없는 북한과의 관계도 순탄치 않다. 더구나 엎친 데 덮친 격으로 코로나19 사태로 그동안 익숙해진 삶의 방식을 바꿔야 하는 상황이다.

경제 측면에서는 그동안 한국에 커다란 혜택을 준 국가 간의 자유무역 질서가 고립주의 내지 보호무역주의로 회귀

할 조짐을 보이는 게 가장 큰 걱정거리다. 서방 세계가 구축한 국제무역 질서를 그대로 따르지 않으려는 국가가 존재하는 한 국가 간 교역과 교류에 커다란 차질이 생기는 것은 피할 수 없는 일이다. 이는 자유무역 혜택을 가장 크게 본 한국에 분명 커다란 시련이다.

세계 각국이 위기에 빠진 자국 경제를 살리려고 막대한 양의 돈을 경쟁적으로 풀어놓은 것도 문제다. 미국, 일본, 유럽연합, 중국, 러시아, 브라질 등 소위 양적완화를 외치며 전례 없이 많은 돈을 찍어낸 나라가 한둘이 아니다. 실제로 전 세계에서 엄청난 양의 돈을 풀었다. 거의 모든 나라가 돈을 풀다 보니 급격한 환율 변동이 없고 풀린 돈의 많은 부분이 전처럼 활발하게 유통되지 않아 아직까지는 인플레이션이 심각한 문제로 등장하지 않았다. 그나마 다행이다. 그러나 벌써 자산 가격에 거품이 낄 조짐이 보인다. 각국 중앙은행이 엄청나게 풀어놓은 돈을 관리하는 데 실패하면 자산 가격에 거품이 끼고 그 붕괴 사태로 세계경제가 또다시 위기 속으로 빠져들 수 있다. 더구나 풀린 돈에 버금갈 만큼 실물경제가 성장하지 않는 상태에서 풀린 돈이 순환하는 속도가 빨라지면 세계경제가 엄청난 인플레이션 수렁에 빠질 가능성이 높다.

우려되는 우리 현실

위기를 극복해온 우리나라

지금껏 한국은 숱한 역경을 헤쳐왔다. 무엇보다 치열한 동서 냉전 체제에서 사상과 이념, 체제가 다른 북한의 위협을 극복해야 했다. 중동발 석유 파동을 맞아 절체절명의 위기에 빠지기도 했으나 이를 중동 진출로 극복했다. 또 중화학 공업화를 추진하면서 빌려 쓴 돈 때문에 외채망국론이 대두할 때는 사상 초유의 국제수지 흑자를 기록해서 그것을 이겨냈다. 섣부른 개방정책이 촉발한 외환위기 역시 성공적으로 극복했고 구소련 와해로 종식된 냉전체제 이후에는 서방은 물론 구 공산권과의 교역과 교류로 국가를 업그레이드하는 데 성공했다. 21세기 들어 발생한 금융 위기도 슬기롭게 극복했으며 현재 진행 중인 코로나19에도 비교적 잘 대처하고 있다.

하지만 근래에 전개되는 국내외 상황을 보건대 대한민국의 앞날이 순탄하기만 할 것 같지 않아 걱정이다.

경제 근간 약화와 불안한 대외 환경

국내를 보면 지난 반세기 이상 한국을 성공으로 이끌어온 긍정적 요인이 쇠퇴하는 조짐을 보이는 게 문제다. 예를 들면 자조·자립 정신, 근면 성실한 노동, 근검절약을 지향하는 합리적인 소비, 더 나은 미래를 만들려는 불타는 투자 의지, 새로운 길을 모색하는 불굴의 개척 정신 등이 퇴조하고 있다.

대외적으로는 미국, 일본, 중국과의 관계 재정립, 북한의 핵 위협, 지구온난화와 기상이변, 코로나19 같은 범세계적 유행병 창궐이 한국을 어렵게 만들고 있다. 인공지능 기술의 획기적인 발전이 불러올 경제 패러다임 변화에 어떻게 대처할 것인가도 국운을 좌우할 만큼 중요한 문제다.

늘어나는 빚이 걱정스럽다

다음 그래프는 국제통화기금이 조사한 주요 국가의 국내총생산 대비 가계부채 비율을 나타낸 것이다. 보다시피 1950년대 초반 이래 가계부채 비율이 지속적으로 증가해온 한국은 2018년 현재 92%로 그래프에 포함된 나라 중 비율이 가장 높다. 한국의 가계부채 비율은 전 비교 대상국의

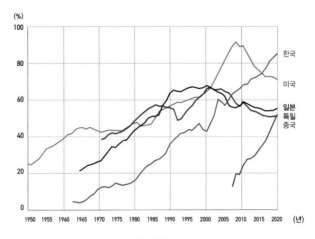

(%)

주요 국가의 가계부채 추이(GDP 대비 비율)
출처: 국제통화기금, Global Debt(2019)

60% 내외에 비해 아주 높은 수준이다. 반면 잘사는 나라들 (산유국과 도시국가 제외)과 견주면 중간 정도에 위치해 아주 높은 편은 아니다. 염려스러운 것은 그 증가 추세가 꺾이지 않고 있다는 점이다.

최근 들어 한국은 재정 건전성이 약화하고 있다. 다음 그래프는 1999년 12월 이후 현재까지 월별 통합 재정수지를 나타낸 것이다. 그래프의 중앙에 0으로 표시한 수평선은 재정 균형 상태, 수평선보다 위는 재정 흑자, 아래는 재정 적자를 의미한다. 이를 보면 단기 등락은 있어도 평균적으로 균형을 보이던 재정수지가 최근 들어 큰 폭의 적자를 기록

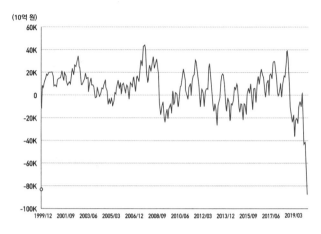

한국의 통합 재정수지 변화 양상(1999~2019년)
출처: 한국은행, 경제통계 포털

하고 있다. 재정수지를 나타내는 그래프가 기존 궤적에서 이탈하는 게 분명히 보인다. 이 상태를 개선하지 않으면 쌓여가는 재정적자가 경제를 불안하게 만들 수 있다.

재정적자 크기도 문제지만 재정적자가 발생하는 원인은 더 큰 문제다. 정부가 국가의 장래를 강건하게 만들기 위한 투자에 집중하느라 적자가 발생할 경우에는 그 투자가 무모하고 불합리하지 않는 한 미래에 발생할 수익으로 적자를 보전하고도 남을 가능성이 있다. 반면 정부가 대규모 소비성 지출과 이전 지출에 충당하려고 적자를 일으키는 것은 커다란 문제다. 경제의 기초 체력을 약화하는 선심성 지출을 늘리느라 적자를 일으킬 경우 특히 더 문제가 된다. 경제의 생산 능력이 약화되면 늘어나는 재정적자의 원리금을 상환하지 못해 나라가 파산할 수도 있다.

멕시코, 아르헨티나, 브라질, 그리스, 스페인은 모두 대규모 적자를 감수한 선심성 재정 지출 확대로 국가가 파산하거나 파산 직전까지 내몰리는 경험을 했다. 베네수엘라는 무분별한 적자재정으로 나라를 망친 가장 최근의 사례다.

우리의 선택

교육이 밝은 미래 건설의 원동력이다

개인이든 사회든 국가든 정말로 중요한 것은 '사람'이다. 모든 일의 주체는 사람이기 때문이다. 위기를 극복하는 것, 경제 발전을 도모하는 것, 나라를 부강하게 하는 것, 더 나은 미래를 만드는 것은 모두 사람이 하는 일이다. 현명하고 능력이 있으며, 모험적이고 창의적이며, 근면하고 성실한 사람이 다수를 이루는 나라가 잘되는 건 당연지사다. 반대로 무지하고 무능하며, 모험을 기피하고 관습을 중시하며, 게으르고 불성실한 사람이 다수를 이루는 나라가 잘못되는 것 역시 당연한 일이다.

사람이 본래부터 게으르거나 부지런한 것은 아니다. 다만 그 사람이 처한 환경이 그렇게 만들 뿐이다. 현명함과 무지함, 유능함과 무능함, 창의적인 것과 고루한 것, 성실한 것과 불성실한 것은 대개 처한 환경이 만든다. 그러므로 사람들이 올바른 방향으로 행동하도록 유도하는 인센티브 시스템을 바로 세우는 게 중요하다.

한국이 수많은 역경을 극복하고 경제·사회·정치 발전을 이룩한 것은 국토 면적이 넓어서도, 천연자원이 풍부해서도, 기후와 지리조건이 남다르게 양호해서도 아니다. 국제정세가 유독 한국에만 우호적이었던 것도 아니다.

한국이 보유한 가장 중요한 자원은 사람이다. 사람 숫자가 많고 그들 각자의 품성, 열정, 자질, 능력, 배움, 경험, 숙련도가 뛰어난 게 가장 큰 힘이다. 물론 한국인이 본래부터 뛰어났던 것은 아니다. 사실 사람은 세상 어느 곳에 살든 모두 비슷하다. 정작 중요한 것은 모두 고만고만한 사람들을 훌륭한 사람으로 변화하게 만드는 제도와 정책이다. 한국은 자유민주주의에 토대를 둔 시장경제를 지향한 것이 주효했다. 바로 그것이 온 국민이 더 나은 미래를 건설하는 데 열정을 바치도록 유도했다. 다시 말해 잠자고 있던 성인들의 능력을 일깨웠고 무엇보다 모든 이가 자녀교육에 매진하도록 만들었다.

사람은 교육으로 성숙해진다. 학교교육은 물론 가정교육, 사회교육, 직장교육 등 모든 교육과 훈련이 중요하다. 그 목표는 어떤 상황에서도 능동적으로 대처할 수 있는 독립적이고 모험적이며 창의적인 인재를 기르는 데 있다. 교육과 훈련을 받는 당사자는 스스로 그런 인재가 되도록 노력해야 한다.

인적자본 육성에서도 인센티브 시스템이 중요하다. 모든 사람이 열성을 다해 배우고 익히려는 강한 동기를 갖게 만들고 또 실제로 배우고 익힐 자유와 기회를 주어야 한다. 왜 우리는 열심히 배우고 익히고자 하는가? 그것은 뭐니 뭐니 해도 내가 열심히 배우고 익히면 내 장래가 지금보다 좋아질 것을 기대하기 때문이다. 즉, 자신의 처지를 개선하려는 게 제일 큰 목적이다. 이를 위해서는 잘하는 사람에게 더 많은 보상이 돌아가도록 제도를 설계해야 한다. 이는 곧 교육과 훈련의 효과를 극대화하도록 보상이 합리적으로 이뤄져야 함을 의미한다.

아울러 누구든 열심히 배우고 익히고자 할 때 마음 놓고 그렇게 할 수 있는 자유와 기회를 누려야 한다. 자유사회에 사는 우리에게는 이런 요구가 이상하게 들리겠지만 세상에는 배우고 익히고 싶어도 그럴 자유와 기회를 누리지 못하는 사람이 많다. 가까운 예로 한국 역시 1960년대까지만 해도 많은 집에서 '여자가 무슨 학교냐!' 하면서 딸들의 교육을 소홀히 했다. 교육받을 기회와 자유가 모두에게 주어진 것은 비교적 근래의 일이다.

세계를 내 집처럼 생각하자

이제껏 나라와 나라를 갈라놓던 국경은 점차 무의미해지고 있다. 물론 나라마다 언어, 제도, 풍속이 다르고 그 안에서 살아가는 사람들의 인종과 피부색도 다르다. 그러나 그것은 본질적인 면에서 전 시대에 존재하던 한 나라 안에서의 지방 간 차이와 다르지 않다. 우리가 나라 안의 지역 차이를 극복했듯 나라와 나라 사이의 차이도 극복할 수 있다.

예전에는 서울에서 부산이나 목포에 가려면 하루가 걸렸지만 지금은 두세 시간 정도면 갈 수 있다. 전에는 엄두도 내지 못하던 중국을 내 집처럼 오가며 머나먼 아프리카와 남미 여러 나라도 친숙한 곳이 되어가고 있다. 스마트폰만

열면 세상 사람들이 어떻게 살아가는지 또 어떤 일이 벌어지는지 금방 알 수 있다. 한국에서 벌어지는 일도 순식간에 세계 뉴스로 퍼져 나간다. 해외에서 물품을 직접 구매하는 일도 빈번해지고 있다. 말 그대로 세상은 하루가 다르게 좁아지고 있다.

지금은 온 세상을 내 나라, 내 집이라고 여기면서 살아가는 세상이 되어가는 중이다. 이런 세상에서 살아가려면 마음속에서나마 국경선을 허무는 게 좋다. 넓은 세상을 두고 우물 안 개구리처럼 스스로를 제약할 필요가 없다. 앞날이 창창한 젊은이들은 특히 더 그렇다. 우리나라를 벗어나 이 세상 어느 곳에서 살든지 두려울 게 없는 실력을 연마하면 좋을 것이다.

4
한국적 시장경제

어떤 경제 체제가 최선일까?

세 가지 경제 체제

경제 체제에는 세 가지 기본형이 있다. 전통경제, 명령경제, 시장경제가 그것이다. 전통경제는 수렵채취 시대를 관통하던 경제 체제로 실은 경제 체제라고 부르기에 적합하지 않으며 아직 경제와 정치를 분리하지 않고 공동체의 의사에 따라 생산하고 분배하던 시스템이다. 명령경제는 농경목축 시대의 군주 국가와 공산주의 또는 사회주의 국가에서 채택한 것으로 소수의 명령권자가 계획하고 명령하는 대로 생산하고 분배하는 시스템이다. 시장경제는 산업혁명 이후 등장한 것으로 개개인이 자신의 처지를 개선하려 노력하는 행위가 시장 경쟁 과정으로 자율 조정되는 시스템이다.

역사적으로 보면 전통경제, 명령경제, 시장경제 순서로 발전해왔다. 명령경제에도 전통경제 요소가 남아 있고 어떤 명령경제는 시장을 광범위하게 활용하기도 한다. 그렇지만 명령경제에서는 시장 참여자도 계획 당국의 지시를 받아야 한다. 시장경제 역시 100% 순수한 형태는 존재하지 않았으며 지금도 존재하지 않는다. 시장경제에서도 명령과 전통은 일정 부분 역할을 담당한다. 현대 시장경제에서는 정부가 명령자로 등장해 생산과 분배 과정에 개입한다. 정부 개입과 간섭의 강약에 따라 순수한 시장경제에 근접한 것부터 명령경제에 근접한 것까지 여러 스펙트럼이 존재한다.

시장경제와 자본주의

시장경제를 다른 말로 자본주의 경제라고 부르기도 한다. 자본주의란 사회 구성원을 유산자인 자본가와 무산자인 노동자로 나누던 시기에 등장한 용어로 자본가가 생산수단을 사적으로 소유하고 무산자인 노동자를 '착취'한다는 관점에서 사용하기 시작했다.

오늘날의 시장경제치고 자본가 계층만 생산수단을 소유하는 경우는 거의 없다. 사실 시장경제에서는 모든 사람이 생산수단의 소유자이므로 모두가 자본가라 할 수 있다. 누구나 기업 주주가 되고 또 누구나 금융자산과 실물자산을 소유할 수 있다. 결국 시장경제에서는 비록 많고 적음은 있어도 누구나 직간접적으로 '자본'을 소유한다. 특히 물적 자본보다 훨씬 더 중요한 '인적자본'을 보유하지 않은 사람은 하나도 없으므로 모두가 자본가라는 말이 허언은 아니다.

자본주의라는 말은 더 이상 사용하지 않는 게 좋다. 자본가가 횡포를 부리던 지난 세기에나 적합한 용어이기 때문이다. 그 대신 시장경제라고 부르는 게 낫다.

그래도 시장경제가 최선이다

시장경제는 서구에서 발전해온 것이므로 한국에 그것을 그대로 적용하는 것은 바람직하지 않다는 생각에서 '한국적 자본주의' 내지 '한국적 시장경제'를 만들어야 한다고 주장하는 사람들도 있다.

실은 시장경제가 서구에서 발전해온 것이라 이 땅에 적합하지 않은 게 아니라 시장경제 자체가 완벽한 것이 아니라서 문제가 생기는 것이다. 바로 시장이 실패하거나 불완전하게 작동하는 것이 문제다. 독과점과 불공정 경쟁, 외부 경제, 정보 비대칭성, 공공재가 대표적인 문제인데 우리는 이미 그 대처 방법을 알고 있다. 그 결과 위에 열거한 요인에서 비롯된 문제는 이제 대부분 치유가 가능해졌다.

그럼에도 불구하고 시장경제에 비판적인 이유는 무엇일까? 여기에는 세 가지로 대답할 수 있다. 하나는 경쟁 과정이 공정하지 않다는 것이고 둘은 경쟁 결과가 평등하지 않다는 점이다. 셋은 하나의 문제를 극복하면 새로운 문제가 생기는 현상이 시장경제에도 존재한다는 것이다.

시장경제는 공정한 경쟁을 전제로 한다. 누구도 반칙을 하면 안 된다. 가령 힘이 세거나 돈이 많거나 아는 게 많다고 그렇지 않은 경쟁자를 부당하게 대우하면 안 된다. 따라서 경제력을 오·남용하는 행위나 사기, 탈취는 엄하게 다스려야 한다. 그런 일이 일어나지 않게 감시하고 경쟁 질서를 위반한 자를 적발해 처벌하는 게 경쟁정책 당국의 역할이다.

경쟁은 결과에서 차이를 낳는다. 승자와 패자의 처지가 같을 수는 없다. 동일 선상에서 출발해도 승패가 갈리게 마련인데 조건이 동일하지 않은 사람들이 경쟁한 결과가 차이가 나는 것은 자연스러운 현상이다. 하지만 자연스러운 현상이라고 해서 모두가 그게 옳다고 수긍하는 것은 아니다.

자유로운 경쟁으로 경제 문제를 해결하는 시장경제가 부작용을 낳으면 그것을 제거하는 게 올바른 해법이다. 즉, 시장경제 시스템 자체를 버리는 게 답은 아니다. 사실 어떤 경제 체제를 따라도 어려운 문제는 계속 생기게 마련이며 그점은 시장경제도 마찬가지다. 결국 하나의 문제를 해결했다고 자만할 게 아니라 계속 새로 생기는 문제에 합리적으로 대처하면 그만이다.

경제자유도가 높은 나라일수록 국민이 더 건강하고 교육을 더 잘 받으며 보다 쾌적한 자연환경을 향유한다. 1인당 국내생산이 클수록 건강과 교육, 환경의 질이 높아지는데 경제자유도가 높을수록 1인당 국내생산이 커지는 결과를 낳는다. 경제자유도가 높은 나라일수록 개인의 자유가 크고, 개인의 자유가 큰 나라일수록 경제자유도 높다.

경계해야 할
오해와 착각

1
열 가지 경제 교훈

세상에는 우리를 유혹하는 것이 많다

착각: 세상에는 공짜가 많다

공짜는 달콤하다. 거저 가질 수 있다니 얼마나 좋은가? 그러나 세상에 공짜는 없다. 당장은 공짜 같아도 반드시 대가를 치러야 한다. 우리는 종종 내가 아닌 남이, 그것도 지금이 아닌 훗날 대가를 치를 거라는 생각에 공짜를 바란다. 그렇지만 다수가 공짜를 바라면 그 피해는 고스란히 우리에게 돌아온다.

가치 있는 것일수록 비싼 값을 치러야 갖게 마련이고, 가치 있는 일일수록 더 큰 희생을 치러야 이룬다. 공짜로 준다거나 터무니없이 싸게 파는 데 현혹되면 안 된다. 본래 가치가 없는 것이라서 거저 주거나 다른 목적으로 싸게 파는 게 분명하다.

일확천금을 바라는 것도 공짜 심리다. 공짜를 바라는 마음은 사행심을 북돋운다. 금융 다단계 사기가 판을 치고 부동산과 주식 광풍이 부는 것은 소위 '대박'을 꿈꾸는 사람이 많아서다.

이따금 의외의 큰돈을 버는 사람이 나오기도 하지만 그것은 아주 예외적인 일이다. 제대로 된 세상이라면 노력한 것에 비례해 보상을 받아야 한다. 정상적인 수준보다 월등하게 높은 수익을 보장한다는 것은 틀림없이 투자자를 낚으려는 미끼다.

이런 측면에서 정부가 공공섹터를 활용해 복권, 카지노, 경마처럼 사행성이 큰 사업을 경영하는 것의 장단점을 다시 생각해볼 필요가 있다. 그 사업에서 번 돈을 '좋은 일'에 사용하므로 타당하다고 주장하지만 목적이 좋다고 수단이 저절로 정당화되는 것은 아니다. 사행성 게임에 참여하는 사람 역시 돈을 따면 좋고 행여 잃어도 즐거움을 얻은 대가를 지불하는 것이므로 괜찮다는 주장을 펴기도 한다. 어느 정도 일리가 있지만 동시에 사행성 게임에 참여했다가 전 재산을 탕진하고 폐인이 된 사람도 적지 않다는 사실을 상기해야 한다.

경제 정책에 대한 찬반을 논할 때 '공짜가 없다'는 원리를 반드시 기억해야 한다. 어떤 정책을 제안하는 사람들은 흔히 그 정책을 시행할 때 생기는 혜택benefits은 강조하면서 비용costs이나 부작용side effects은 경시하는 경향이 있다. 그러해야 해당 정책이 더 그럴듯하게 보이기 때문이다. 말할 필요도 없는 이야기이지만 그러한 꼬임에 속아 넘어가면 안 된다. 어떠한 정책이건 그 정책을 시행할 때 얻게 되는 혜택은 물론이고 그것을 시행하기 위해 치러야 하는 비용과 그것을 시행했을 때 나타날 수도 있는 부작용과 폐단까지 고려해서 시행 여부를 결정해야 한다.

이것과 관련해서 어떤 정책을 제안할 때는 그것을 시행에 옮기는 데 소요되는 비용을 누가 얼마나 부담할 것인지를 밝히도록 요구할 필요가 있다. 사람들은 딴 사람이 낼 세금으로 충당하면 된다는 막연한 생각에서 대형 국책사업에 찬동하는 경향이 있다. 만일 해당 사업에 소요될 비용을 충당하기 위해서 당신에게서 얼마를 더 징수할 것이라고 처음부터 밝힌다면 좀 더 합리적인 판단을 하게 될 것이다.

오해: 모든 게 남 탓, 마땅히 보상받아야

자신의 불행한 처지를 남 탓으로 돌리는 것 역시 달콤한 유혹이다. 원하는 학교에 다니지 못하는 건 부모를 잘못 둔 탓이고, 좋은 곳에 취직하지 못하는 건 사람을 차별하는 기업 탓이고, 결혼하지 못하는 건 내 가치를 몰라주는 상대 탓이고, 통일이 되지 않는 건 강대국의 이해다툼 탓이라는 것처럼 세상에 탓할 일은 아주 많다.

물론 남 탓으로 내가 불행해지는 경우가 아예 없는 것은 아니다. 그러나 내가 어려움을 겪는 것은 대부분 나의 판단 오류나 노력 부족에서 기인한다. 스스로를 채찍질하지 않고 남 탓을 하는 것도 공짜를 바라는 심리와 흡사하다.

남을 탓하는 국민이 다수를 이루는 나라가 잘된 사례는 하나도 없다. 반면 자조·자립 정신이 투철한 사람이 다수를 이루는 나라는 예외 없이 번영을 누린다.

남을 탓하기 전 남이 자발적으로 나를 돕도록 만드는 게 현명하다. 내가 근면 성실하게 노력해야 남도 도와줄 마음이 생긴다. 내가 근검절약하며 살아갈 때 도와주는 사람이 나타난다. '하늘은 스스로 노력하는 사람을 돕는다'는 말이 그냥 나온 게 아니다. 게으르고 건방지며 남 탓하기 일쑤인 사람을 돕겠다고 나설 사람은 별로 없다.

우리가 남을 탓하는 것은 대체로 마음속에 깊이 박혀 있는 시기심 때문이다. 우리는 남을 시기하고 질투하는 본성을 타고난다. 그래서 비슷한 일을 해도 자기가 하면 옳고 남이 하면 그르다고 판단한다. 그 연장선에서 내가 잘못된 것은 남 탓이라고 생각한다.

남 탓하는 심리와 어깨를 겨루는 게 남에게 의존하려는 심리다. 누구든지 어려울 때 부모나 가족 혹은 이웃으로부터 일시적인 도움을 받을 수는 있지만, 스스로 어려움을 헤쳐나가지 않고 남에 의존해서 사는 데 맛 들이면 그의 인생은 필연코 실패에 이르게 된다. 자립 능력이 있는데도 홀로 서려고 노력하지 않으면서 거듭해서 손을 벌리는 사람에게는 도움을 주지 않는 게 그를 돕는 길이 될 수 있다.

남에게서 도움을 받는 일을 부끄럽게 여기지 않아도 된다는 사람이 있다. 내 것 네 것 구별하지 않고 사이좋게 살아가던 게 우리 조상들의 행복하던 모습인데, 역사의 어느 시점에서 네 것 내 것을 구분하기 시작한 게 지금에 와서 커다란 빈부의 차를 만들었으니 가진 게 없고 힘이 없으며 배운 게 없는 사람이 많이 갖고 힘이 세며 배운 게 많은 사람에게서 도움을 받는 게 실은 남의 것을 얻어 가지는 게 아니라 본래 내 것이었던 것을 돌려받는 것뿐이라는 것이다. 그러니 부끄러워 말고 당당하게 받으라고 주장한다. 더 나아가서 그가 주지 않으면 강제로라도 빼앗아 가지라고 말하기도 한다. 이러한 주장이 옳다고 여기는 사람은 많지 않을 것이다.

남 탓하거나 남에게 의지해서 살아가는 삶이 우리를 행복으로 이끌어주지는 않는다. 제아무리 세상이 어렵고 힘들더라도 자기 힘으로 역경을 극복하고자 노력하는 사람이 행복하다. 본인이 노력해서 번 소득 범위 안에서 하고 싶은 것을 선택하면서 사는 게 행복의 지름길이다. 앞날이 창창한 젊은이들은 특히 더 자조·자립 정신을 길러야 한다.

착각: 평준화하면 모두 잘산다

우리는 엄연히 존재하는 차이를 억지로 없애려는 유혹을 경계해야 한다. 사람은 누구나 소중하다는 명제가 '사람은 누구나 같아져야 한다'는 것을 의미하지는 않는다. 그럼에도 불구하고 우리는 종종 평준화하려는 유혹에 빠진다. 잘하는 사람은 깎아내리고 못하는 사람은 보태주어 모두가 평균 수준을 이루자는 얘기다. 그런데 못하는 사람을 밀어 올리기보다 잘하는 사람을 깎아내리는 게 쉬우므로 평준화는 대개 잘하는 사람을 못하게 만드는 방향으로 이뤄진다. 그 결과 못하던 사람은 별로 나아지지 않는데 잘하던 사람은 성과가 줄어들어 평균이 낮아진다. 하향평준화가 진행되는 것이다.

'다름'을 인정하지 않는 경제가 잘될 수는 없다. 효과성 극대화를 추구하지 않는 경제가 잘될 리는 없기 때문이다. 교수가 성적과 무관하게 모든 수강생에게 같은 학점을 준다면 어떤 학생이 성실하게 공부하겠는가? 평준화를 추구하는 나라가 쇠퇴의 길로 들어서는 것도 같은 원리다. 사람들에게서 전보다, 남보다 잘하려는 인센티브를 앗아가는 곳에서 경제가 잘되는 것은 불가능하다.

평준화와 획일화는 동전의 양면과 같다. 평균 수준에 맞춰서 획일화하는 게 평준화고 수준이 높고 낮음과는 무관하게 모두가 똑같은 수준에 있도록 만드는 게 획일화다.

획일화가 얼마나 무모한 일인지는 여인숙을 찾은 손님을 쇠 침대에 눕혀보고 침대가 남으면 손님의 다리를 잡아 늘이고 침대가 모자라면 다리를 잘라서 몸을 침대에 맞춘 날

강도 이야기가 잘 보여준다. 손님의 신장에 맞춰서 침대의 크기를 조절하던지 아예 큰 침대를 마련해두고 큰 사람이나 작은 사람이나 잘 수 있게 해야지, 침대 길이에 맞춰서 다리를 억지로 잡아 늘이거나 자르는 것은 그야말로 말이 안 되는 일이다.[8]

경제 분야에서 평준화 또는 획일화를 도모하는 일은 다른 분야에서 그렇게 하는 것보다 더 큰 부작용을 낳는다. 그것은 천차만별인 게 자연스러운 현상인 판매자와 구매자의 개별적인 특성을 완전하게 무시하는 일이다. 그럼에도 평준화와 획일화를 도모하는 일이 끊이지 않는다. 그게 이 세상을 공평하고 공정하게 만든다는 오해의 뿌리가 깊기 때문에 그런 일이 벌어진다.

획일화의 가장 큰 단점은 그것이 개별성 또는 창의성을 말살하는 데 있다. 모두가 똑같기를 강요하는 곳에서 창의성이 나올 수 없다. 우리를 둘러싼 국제경제 환경은 날이 갈수록 개개인의 독창성과 창의성을 더 중시하는 방향으로 변화하고 있다. 그러므로 대량생산의 시대를 거치면서 평준

---

8 이는 고대 그리스의 우화인 프로크루스테스의 침대 이야기다.

화와 획일화에 익숙해진 우리들의 태도를 근본적으로 뜯어 고쳐야 한다. 그래야만 그동안 '성공하는 나라'로 평가되었 던 우리나라가 다가오는 새 세상에서 '더욱더 성공하는 나 라'가 될 것이다.

이와 관련해서 우리가 갖는 또 다른 착각은, '무엇이건 명 령으로 해결할 수 있다'라는 생각이다. 인류의 역사를 되돌 아보면, 명령으로 경제 문제를 해결하려고 노력하다가 실패 로 돌아간 사례가 허다하다. 명령은 대개의 경우 몇 개의 룰 을 정해놓고 누구나 그것을 따르라고 강제하는 형태를 띠 는데 이게 바로 획일성을 강제하는 일이며 그래서 명령으 로 일을 처리할 때 적지 않은 부작용이 생긴다.

경제 문제 가운데 어떤 것은 명령이 아니면 해결할 수 없 거나 명령으로 처리하는 게 낫다. 그러나 그런 문제는 극히 소수에 불과하며, 절대다수의 경제 문제는 공정한 게임의 룰 아래서 참여자들의 경쟁을 통해서 자율적으로 해결하 는 게 최선이다. 그런데도 우리가 명령으로 문제를 해결하 는 방안에 대해서 유혹을 느끼는 것은, 그렇게 하는 게 단시 일에 가시적인 효과를 낳는 것처럼 보이기 때문이다. 대개 의 경우 그런 인식은 착각이며 오해다. 명령으로 문제를 해결하는 방안의 부작용과 폐단은 오랜 기간에 걸쳐서 나타나므로 당장은 좋은 것처럼 보여도 실상은 그렇지 않다. 명령경제를 고수하다가 쇠락한 나라가 수없이 많다는 사실이 그러한 사실을 입증한다.

오해: 공동소유가 행복한 나라로 가는 지름길이다

우리 가운데는 부동산과 기업을 국유화하자는 주장에 현혹되는 사람이 적지 않다. 그들은 재산 소유자가 누리는 혜택을 무산자와 나눠 갖는 것이 정의로운 일이라고 주장한다. 재산에서 나오는 과실을 균등하게 나눠 가져야 부자도 없고 빈자도 없으며 강자도 없고 약자도 없는 세상을 건설할 수 있다는 얘기다. 사유재산제도를 폐지하고 공동소유제도를 채택하는 것이 모두가 평등한 세상을 만드는 지름길이라고 주장하기도 한다.

과연 재산을 국유화하면 모든 사람이 정말로 평등하게 잘살까? 세계 각국 경제사가 가리키는 바는 그와 전혀 다르다. 공산주의 또는 사회주의 이념의 영향을 받아 재산을 국유화한 나라치고 국민이 골고루 잘사는 나라는 하나도 없다. 소수의 지배 엘리트는 아주 잘살지만 절대다수의 보통 사람은 굉장히 못산다. 더구나 절대다수는 자유를 억압당한 채 소수의 지배 엘리트에게 절대 복종하는 삶을 살아가야 한다.

공유재산을 자기 것처럼 아끼고 보살피는 사람은 드물다. 투자는커녕 제대로 유지 보수도 하지 않아 점점 더 쓸모가 없어진다. 여기에다 공유재산을 활용해 창출하는 소득을 내가 노력한 정도와 관계없이 다 함께 똑같이 나눠 가져야 하므로 열심히 일할 마음이 생기지 않는다. 결국 국유화가 광범위하게 이뤄졌거나 그렇게 될 위험이 큰 나라에서는 경제가 잘되기 어렵다. 이런 이유로 공동소유 국가는 필연코 쇠퇴하고 만다.

언필칭 공동소유를 표방하는 나라에서 절대다수의 일반 국민이 가난한 상태로 억압받으며 살아가는 것은 소수의 지배 엘리트가 일반인을 노예화하는 데 성공했기 때문이다. 대표적으로 공산주의자가 장악한 소비에트연방, 마오쩌둥 치하의 중국, 카스트로의 쿠바는 만인 평등의 공동소유 사회를 참칭한 노예사회였다. 그곳의 지배 엘리트에게는 일반인을 가난하고 억압받는 채로 두는 게 압도적인 우월 전략이다.

그렇더라도 모든 것을 사유로 할 수는 없다. 어떤 공동체이건 공동으로 소유하며 관리해야 할 몫이 있다. 우리가 전 국토를 사유화하지 않고 국·공유 재산을 남겨두는 것은 일정한 정도 공유의 영역을 남겨두는 게 모든 시민에게 혜택을 주는 길이 된다는 자각에서다. 이 세상에 모든 것을 100% 사유화한 나라는 하나도 없다. 정도의 차이는 있으나 모든 나라가 공유재산을 남겨둔다. 앞에서 공유경제에 대해 비판적으로 서술한 것은 지나친 정도의 공유를 경계하는 것이지 공유 그 자체를 부정하는 것이 아니다. 그러므로 우리가 선택해야 할 것은 100% 공유냐 100% 사유냐가 아니라 공유와 사유의 경계를 어떻게 정할 것인가이다. 이 물음에 대한 정답은 하나가 아니다. 그렇더라도 기억할 것은, 공유의 정도가 높아질수록 경제가 정체하거나 쇠퇴할 가능성이 높아지는 게 역사가 말해주는 바라는 점이다.

착각: 이미 들인 노력을 무시하지 마라

더러는 상황이 변하면서 해당 일을 더 이상 추진하지 않는 게 현명할 때도 있다. 이럴 경우 지금까지 투입한 돈과 노력이 얼마인데 포기하느냐며 더 많은 돈과 정력을 투입하려는 유혹에 넘어가기 쉽다. 경제학에서는 이미 벌어져 되돌릴 수 없는 일에 투하한 비용을 '매몰비용'이라 부른다.

매몰비용은 잊어야 한다. 그것 때문에 하지 않아야 할 일을 계속하는 것은 우둔한 처사다. 그러면 가상의 예를 들어 이 문제를 이해해보자.

한강에 큰 다리를 놓기로 하고 입지를 선정해 현재까지 200억 원을 투입해서 공사를 진행 중이라고 해보자. 그런데 거듭된 홍수 예보로 공사 중인 곳의 입지 여건을 재평가하니 현재 위치는 물살이 거칠어서 웬만한 홍수에도 교량이 유실될 위험이 95%에 이르는 것으로 밝혀졌다. 당초 조사가 부실했던 것이 틀림없다.

이때 건설 중인 교량이 유실되지 않도록 보강해서 시공하려면 완공까지 1,000억 원이 더 들어간다는 분석이 나왔다. 한데 현재 입지에서 조금 떨어진 상류에 건설하면 900억 원의 비용으로 지금 건설하는 것보다 우수한 품질의 교량을 건설할 수 있다면 어떨까?

과연 어떻게 하는 것이 좋을까? 이미 들어간 돈 200억 원을 생각해 보강공사를 하는 게 좋을까, 아니면 그것을 부수고 새 입지에 건설하는 게 좋을까? 이 사례의 경우 답은 자명하다. 900억 원을 들여 새 위치에 건설하는 게 낫다.

위 사례에서 원래 건설 중이던 교량을 보강해서 완공하는 데까지 800억 원이 든다면 선택이 달라질까? 행여 어떤 이가 이미 들어간 돈 200억 원에 앞으로 들어갈 800억 원을 더하면 총 공사비가 1,000억 원이니 총공사비가 900억 원인 대체 교량을 건설하는 게 낫다고 주장한다면 그게 바로 매몰비용 때문에 선택을 그르치는 사례가 된다.

오해: 불로소득은 없애야 한다

불로소득이란 임대소득, 이자소득, 배당소득, 사업소득, 상금, 당첨금, 선물 등을 가리키는데 여기에는 노동하지 않고 번 소득이라는 뜻이 내포되어 있다. 거기에서 한 걸음 더 나아가 지금은 '아무런 노력도 기울이지 않고 번 소득'이라는 의미로 쓰인다. 그래서 불로소득은 나쁜 것이라 없애야 하고 혹시라도 생긴 불로소득은 전액 국가가 환수해야 한다는 주장이 제기되기도 한다.

흔히 노동은 신성하다고 말한다. 이 말은 '일해서 먹고사는 것만큼 신성한 것이 없으니 군말 말고 열심히 일하라'는 뜻으로 쓰이기도 하고 '모든 노동은 신성하니 그것을 몇 푼의 돈으로 사려고 하지 말라'는 의미로도 쓰인다. 초기에는 육체노동을 염두에 두고 그런 말을 했으나 지금은 정신노동도 포함한다. 사실 노동의 범위는 매우 넓으며 우리가 돈을 벌기 위해 하는 일 중에 노동이 아닌 것은 별로 없다. 아무런 노력도 기울이지 않았는데 저절로 돈이 생기는 일은 거의 없다.

세상에 불로소득이 있을까? 경제와 사회 구조가 불로소득이 생기도록 되어 있지 않는 한 누구도 거저 돈을 벌지 못한다. 경제가 제대로 돌아간다면 내가 상대방에게 주는 혜택의 크기에 비례해 돈을 버는 게 순리다. 상대에게 주는 혜택이 작은데도 그가 내게 많은 돈을 지불할 까닭은 없다. 줄 만하다고 생각하니까 주는 것이다. 내가 돈을 많이 버는 것은 그만큼 내가 다른 사람에게 가치 있는 일을 하고 있음을 뜻한다. 그러므로 제대로 된 사회에서는 불로소득이 생기기 어렵다.

우리가 불로소득이라고 생각하는 게 정말로 아무런 노력도 하지 않았는데 거저 생긴 것인지 점검해보아야 한다. 대개는 우리가 잘 모르는 방식으로 노력을 기울인 대가로 얻는 소득일 가능성이 크다.

물론 우리 주변에 불로소득을 얻는 사람이 있는 것도 사실이다. 경제사회 구조가 잘못되어 있거나 정책에 허점이 있을 때 별다른 노력을 기울이지 않고 큰돈을 버는 사람이 생기기도 한다. 이는 불로소득을 번 사람의 잘못이 아닐 수 있다. 법을 어기지 않으면서 거저 돈을 벌 기회가 있는데 그것을 마다할 사람은 세상에 별로 없다. 불로소득을 번 사람을 비난하기에 앞서 잘못된 사회 구조를 뜯어고치고 정책의 허점을 보완해 불로소득이 발생할 소지를 없애는 게 우선이다.

불로소득에 관한 논의에 자주 등장하는 게 투자인가 투기인가 하는 논쟁이다. 오늘을 희생하면서 더 나은 미래를 만들려고 노력하는 모든 행위가 투자다. 학생이 불철주야 배우고 익히는 것도 투자이고, 부모님이 재산을 늘리려고 애쓰시는 것도 투자이며, 공장을 지어 기계와 장비를 설치하는 것도 투자이며, 연구개발 활동을 통해서 새로운 기술을 개발하는 것도 투자다. 더 나은 사회를 만들려고 노력하는 것도 투자이며, 어려운 사람을 도와서 다 같이 사람답게 살아갈 터전을 만드는 것도 투자다.

성공적인 투자의 열매는 우리에게 풍요로운 삶의 터전을

마련해준다. 학생은 원하는 학교에 진학하고, 부모님은 재산을 늘리고, 기업은 이윤을 늘리며, 사회는 더 살기 좋은 곳으로 변모하고, 나라는 후진국에서 선진국으로 발전해 나간다. 그게 투자의 과실이다. 이렇게 볼 때 투자란 '좋은 것'이라는 관념이 저절로 형성된다.

돈을 기준으로 말하자면, 우리가 가진 돈과 시간과 정력을 쏟아부어서 지금보다 더 많은 돈을 벌려고 하는 행위 일체를 투자라고 부를 수 있다. 그러한 행위에는 특정한 대상물을 사놓고서 그것의 가격이 올랐을 때 되팔아서 이득을 취하려는 것도 있다. 대상물을 빌려서 판매한 다음 그것의 가격이 내려갔을 때 되사서 차익을 노리기도 한다. 이때 대상이 되는 것은 농축산물, 부동산, 주식, 채권, 외화, 귀금속, 고서화 등 아주 다양하다. 이와 같이 투자 대상물의 가격 등락을 예견해서 시세차익을 획득하고자 벌이는 행위를 흔히 투기라고 부른다.

많은 사람이 시세차익을 추구한다. 그러면서도 자기가 하면 투자라고 주장하면서 남이 하면 투기라고 비난한다. 사실 어떤 행동이 투자인지 투기인지 구분하기가 쉽지는 않다. 매점매석을 통한 폭리 추구 행위가 나쁘다는 데는 대다수가 동의한다. 반면에 카지노, 경마장, 복권 등은 분명히 투기인데 사행산업이라고 말하면서 합법화한다. 합법적인 투기가 가장 크게 번창하는 곳이 증권시장과 외환시장이다. 많은 경영학자들이 금융시장에서 전개되는 '투기' 행위가 경제에 긍정적인 영향을 준다고 주장한다.

그런데 부동산 시장으로 눈길을 돌리면 그 정반대의 상황이 벌어진다. 시세차익을 노리고 부동산을 사고파는 행위는 비생산적인 투기이므로 이를 엄격히 금지해야 한다는 주장이 주류를 이룬다. 적어도 표면적으로는 그렇다. 그러나 내면을 들여다보면 시세차익을 노리고 부동산을 사고파는 사람도 아주 많다. 그들은 하나같이 자기가 하는 행위는 건전한 투자라고 주장한다.

누구의 주장이 맞는 것일까. 사람들이 돈을 벌기 위해 애쓰는 행위 그 자체를 비난해서는 안 된다. 그럴 수 있는 기회만 있으면 돈을 벌기 위해 애쓰는 게 평범한 이들의 인지상정이다. 명백하게 투기라고 인식되는 행위를 통해 돈을 벌 수 있는 환경을 만들어 놓고서는 그런 행위를 하지 못하게 하는 것은 시민들의 반발만 불러온다. 불로소득을 얻으려 하거나 악성 투기에 열을 올릴 동기를 없애는 방향으로 제도와 정책의 미비점을 보완하는 게 우선이다.

착각: 경제는 제로섬 게임이다

경제는 누구나 참가해서 벌이는 게임이다. 스포츠 게임처럼 경기규칙이 있고 승자와 패자를 가르는 기준이 있으며 게임에서 승리하면 그에 걸맞은 보상을 가지게 되고 패배하면 또 그에 따르는 대가를 지불해야 한다. 게임의 규칙을 어기면 처벌을 받는데 국민의 대표 기관인 의회에서 처벌의 종류와 크기를 정하면 행정부에서 이를 집행한다.

게임을 그 보상이 정해지는 특성에 따라서 네거티브섬 negative sum, 제로섬zero sum 그리고 포지티브섬positive sum 게임으로 나눈다. 네거티브섬 게임은 경기를 할수록 보상의 총 규모가 작아지는 게임이며, 제로섬 게임은 보상의 총 규모가 커지지도 작아지지도 않는 게임이고, 포지티브섬 게임은 하면 할수록 보상의 총 규모가 커지는 게임이다. 네거티브섬 게임에서는 참여자에게 돌아가는 몫이 점점 더 작아지는데 이때 어떤 한 사람이 많이 가져가면 다른 사람들의 몫은 크게 줄어든다. 제로섬 게임에서는 이론적으로는 각자가 가질 몫이 줄어들지 않아도 되지만 실제에서는 평균보다 많이 갖는 사람이 나와서 다른 사람들은 자기의 정당한 몫을 빼앗겼다는 생각을 가질 수도 있다. 그러나 포지티브섬 게임은 사정이 다르다. 이제는 모든 사람의 처지가 개선될 여지가 생기며 실제의 경제 문제에서는 거의 모든 이의 처지가 개선된다. 그러나 이 경우에도 사람마다 처지가 개선되는 정도가 상이한 게 현실이다. 그래서 설령 그들이 벌이는 게 포지티브섬 게임이라도 더 가지는 정도가 남보다 작은 사람은 불만을 가지게 된다.

사람들이 벌이는 일 중에는 서로의 처지를 해치는 네거티브섬 게임에 해당하는 것도 있다. 사람들은 이따금씩 그런 우둔한 짓을 하곤 한다. 국가 간의 전쟁이 그 대표적인 사례다. 냉전이건 열전이건 국가 간의 전쟁은 참가하는 모든 당사자에게 손해를 끼친다.

많은 사람들이 경제는 제로섬 게임이라고 착각한다. 정해진 파이를 놓고 경쟁하므로 누가 많이 가지면 다른 이는 적게 가질 수밖에 없으며 심지어 한 사람이 다 가지면 다른 모든 이는 하나도 갖지 못한다는 논리다. 언뜻 참으로 지당한 이야기처럼 들린다. 그러나 이 주장은 거의 모든 경제 활동에서 사실과는 거리가 멀다. 왜냐하면 거의 모든 경제 행위가 포지티브섬 게임이기 때문이다.

경제 행위의 태반은 무엇인가를 사고파는 행위 즉, 주고 받는 행위이다. 강압, 사기, 거짓 등이 개입되지 않으면 두 사람 모두 얻는 게 있어서 거래에 참여하는 것이다. 지금의 처지보다 나아지는 게 없는데도 자발적으로 거래에 참가할 사람은 많지 않다. 우리가 '교환의 이득' 또는 '무역의 이익' 이라고 설명한 게 바로 이것이다.

투자와 혁신 그리고 기술 진보를 통한 경제 발전이 포지 티브섬 게임의 가장 중요한 사례다. 경제가 발전하면 틀림 없이 나누어 가질 파이가 커지므로 거의 예외 없이 모든 사 람에게 혜택이 돌아간다. 각자에게 돌아가는 혜택이 동일하 지는 않아도 경제가 발전하면 누구나 그의 처지가 개선된 다. 행여 처지가 악화되는 사람이 생긴다면 무엇인가 그가 속한 사회가 비정상적이기 때문이다. 정상적으로 작동하는 자유민주주의 시장경제라면 모든 이가 혜택을 보는 게 정 상이다. 실제로 수많은 실증 연구가 경제 성장이 그 사회의 소득 최하위 계층의 처지를 개선한다는 사실을 입증하고 있다.

경제가 정체되거나 후퇴하면, 말할 것도 없이 포지티브섬 게임을 하지 못하게 된다. 정체되면 많이 가진 사람이 있으면 반드시 적게 가진 사람이 나온다. 후퇴하면 모두의 처지가 나빠질 가능성이 높아지는데 그런 상황에서도 누구인가의 처지가 나아지면 다른 모든 사람의 처지는 그렇지 않았을 때보다 더 악화된다.

한국경제가 현재의 구매력으로 평가한 1인당소득을 1960년대 초반의 2,000달러 수준에서 현재의 4만 달러 이상의 수준으로 20배 이상 증가해온 결과 지금은 거의 모든 이가 그 당시보다 훨씬 더 풍요롭고 자유롭게 산다. 이는 경제 발전이 아주 큰 포지티브섬 게임이어서 가능한 일이다. 만일 우리나라의 1인당소득이 아직도 2,000달러 수준에서 정체되었다면, 소수를 제외한 거의 모든 국민이 그 당시보다 악화된 환경에서 살아가야 했을 것이다.

경제가 성장하고 발전하는 것이 최상의 포지티브섬 게임임에도 경제 성장 게임에서 승리하는 소수에게 돌아가는 보상이 지나치게 크다는 사실이 문제라고 생각하는 사람들이 많다. 사실 경제 성장은 수없이 많은 승자와 패자를 낳으면서 진행된다. 대부분은 상대적인 승패이지만 간혹 절대적인 패자가 나오기도 한다. 경제가 성장 발전할 때 그 혜택이 누구에게나 골고루 돌아가는 것은 아니므로 이를 적절히 시정해서 성장의 과실을 고루 나누어 가지자고 주장한다. 주지하듯이 많은 나라가 실제로 그런 생각에서 많이 번 사람의 소득을 적게 번 사람에게 나누어주는 이전지출 정책을 시행한다. 거기에 대해 반대하는 사람은 아주 소수다. 국민 대부분이 결과의 지나친 불평등은 시정해야 한다는 데 동의한다. 그런데 문제는 결과의 평등을 실현하기 위해서 무리를 하면 포지티브섬 게임이던 경제 성장 게임이 제로섬 내지는 네거티브섬 게임인 경제 정체 혹은 경제 후퇴로 변질된다는 것이다. 다수의 경제학자들이 복지정책에 찬성하면서도 과도한 이전지출 정책에 대해서 경계심을 표출하는 것은 바로 그런 까닭에서다.

오해: 경제를 보는 눈은 근시가 좋다

근시인 사람은 가까운 물체는 잘 보지만 먼 곳에 있는 것은 잘 식별하지 못한다. 서구에는 터널 비전이라는 말이 있는데 우물 안 개구리와 유사한 개념이다. 자기가 하는 행동이 낳는 다양한 결과 가운데 가까이 있는 것 그리고 비교적 짧은 시일 내에 일어나는 것에 관해서는 잘 알지만 조금만 멀리 있거나 한참 시간이 지나야 나타나는 결과에 관해서는 무지한 상황을 나타낸다.

어떤 것이건 경제 행동을 할 때는 그것이 낳는 직접적인 효과는 물론이거니와 간접적인 효과도 살펴야 하며 또한 그런 행동이 낳는 가시적인 기간 내의 효과만 볼 게 아니라 지금은 아닌 것처럼 보여도 먼 훗날에 반드시 나타날 영향도 살펴야 한다.

그러나 현실에서는 경제근시가 많다. 어떤 경제적 행위를 하자고 주장하는 사람이나 그런 주장을 따르는 사람들 모두 당장 일어나는 효과에 현혹되어서 앞으로 일어날 부작용에 관해서는 무관심한 경우가 많다. 문제를 냉철하게 분석한 경제학자가 그 일이 지금은 좋아 보여도 문제가 많다고 지적하면, 많은 이들이 설마 그런 일이 발생하겠는지 의구심을 표하고 설령 부작용이 발생하더라도 그 폐해가 내가 아닌 누군가 딴 사람에게 돌아가겠지 하며 애써 무시한다.

대중들이 그런 방식으로 행동한다는 사실을 잘 알고 있는 선동가들은, 냉정하게 따져보면 해서는 안 되는 일들을 당장 겉으로 드러나는 달콤한 결과를 내세우면서, 그것을 추진하도록 대중을 유혹한다. 사실 일반 대중이 경제정책의

장·단기 효과와 부작용에 대해서 잘 알기는 어렵다. 전문가라는 사람의 말을 들어보아도 긴가민가하기는 마찬가지다. 그래서 당장의 혜택은 강조하면서도 앞으로 나타날 부작용에 관해서는 함구하는 정치가의 선동에 잘 넘어간다. 시민 대다수가 경제근시여서 그런 일이 가능하다.

대중은 지금 희생하지 않으면 더 나은 미래를 가질 수 없다고 말하는 지도자를 별로 좋아하지 않는다. 사실은 그런 사람이 진정으로 국민을 위하는 지도자인데도 그렇다. 우리는 당장 눈앞에 보이는 사탕발림에 쉽게 속아 넘어간다. 대중을 현혹하는 지도자를 따르다가 나라를 망친 스탈린의 러시아, 페론의 아르헨티나, 차베스의 베네수엘라 등이 그러한 사정을 잘 보여준다.

경제근시를 치료할 방도가 마땅치 않다. 시민들이 경제의 기본 원리에 대해 잘 알면 선동가들이 내세우는 허언에 속는 일이 줄어들겠지만, 보통 사람에게는 경제학을 공부하는 게 참으로 어렵고 지루한 일이어서 그마저 쉽지 않다.

그럴수록 관료, 학자, 언론인, 법조인 등 전문가의 역할이 중요하다. 독재 권력과 우중의 압력에 굴하거나 시류에 영합하지 않으면서 사실을 사실대로 밝히고 설명하고 판단하며 집행하는 게 책임 있는 전문가가 행할 도리다. 그들이 경제근시를 교정하는 일에 앞장서면 대중도 그것을 본받아서 눈앞의 이익만 좇는 어리석은 행동을 자제할 것이다.

착각: 정부는 전지, 전능, 전선하다

우리나라 사람들이 정부에 관해 갖는 오해와 착각이 있다. 정부는 모르는 게 별반 없으며, 못 하는 일이 별로 없고, 나쁜 일을 할 리가 없다는 생각이 그것이다. (정부는 크게 비용을 들이지 않고서도 일을 잘 처리한다는 착각에 관해서는 '세상에는 공짜가 없다'에서 설명한 바 있다.)

그런 착각과 오해가 만연해 있기에 무슨 일만 생기면 '정부는 무엇하고 있느냐?'라고 항의한다. 그게 정부가 잘 알고 있는 일인지, 정부가 해야 할 일인지, 정부가 더 잘할 수 있는 일인지 여부도 따져보지 않는다. 정부는 또 정부대로 그런 항의를 받으면 자신이 그 일에 관해서 얼마나 잘 아는지, 그게 반드시 자신이 해야 할 일인지, 자신이 하면 남(민간)이 하는 것보다 더 잘할 수 있는 일인지 등을 제대로 따져보지도 않고서 해결책을 강구하려 든다. 나아가서 그러한 사태가 벌어진 게 진짜 정부의 잘못인 양 사과하기도 한다.

그러한 일이 벌어지는 것은 많은 이들의 마음속에 군왕에 순종하던 왕정 시대의 인습이 남아 있는 데다 관료나 정치인도 본인들을 왕정 시대의 신료들처럼 못할 게 없는 존재라고 착각하기 때문이다.

정부가 전지, 전능, 전선하지 않다는 데 이의를 제기하는 사람은 많지 않다. 그러나 정부가 민간 또는 시장보다 더 잘 알고, 더 잘하며, 더 선한 의도로 행동한다고 믿는 이는 많다. 이는 애덤 스미스를 비롯한 수많은 경제학자가 알아낸 '사실'과 부합하지 않는다. 정부가 아니면 할 수 없는 일이 있고, 정부가 하면 더 잘하는 일이 있음을 부인하는 경제학자는 없다. 그러나 그런 일이 경제 문제 가운데서 비교적 작은 부분에 그친다고 판단하는 학자는 많다.

시민이 정부에게 그렇게 하라고 요구하거나 정치가와 관료가 그렇게 하겠다고 제안하는 일은 그게 어떤 것이건, 정부가 그 일을 하는 데 필요한 지식과 정보를 갖고 있는지, 그게 정말로 정부가 해야 할 일인지, 그게 정부가 다른 경제 주체보다 더 잘할 수 있는 일인지 그리고 그 일을 할 때 나오는 혜택은 누구에게 돌아가며 그에 소요되는 비용은 누가 부담하는지 등을 면밀하게 검토해서 처리하는 게 바른 길이다.

오해: 가격 규제는 바람직한 결과를 낳는다

우리 사회에는 어떤 재화나 서비스에 대해서는 정부가 가격을 규제하는 게 바람직하다는 생각이 만연해 있다. 분양가 규제, 임대료 규제, 생필품 가격 규제, 이자율 규제, 환율 규제, 최저임금 규제 등 그러한 사례가 참으로 많다. 가격을 규제한다는 것은 시장에서 수요와 공급의 균형 과정을 통해서 가격이 자율적으로 정해지게 두지 말고 정부가 최고 가격이나 최저 가격을 정해놓고 그 이상으로 팔지 못하게 하거나(가격상한) 그 이하로 사지 못하게(가격하한) 강제하는 것을 말한다.

가령 분양가 규제는 주택의 분양가를 정부가 정해주고서 그 이상 받지 못하게 하는 것이다. 같은 지역에서 비슷한 품질의 주택이 한 채에 10억 원에 거래 중인데 새로 지은 아파트를 8억 원 이상 받지 못하게 하는 식이다. 10억 원에 거래되는 것을 8억 원만 받으라고 하면 어떤 일이 벌어질까? 분양만 받으면 그 자리에서 2억 원을 벌게 되니 자금을 조달할 수 있는 사람은 너도나도 그것을 분양받으려고 몰려들 것이다. 추첨에서 뽑힌 사람 말하자면 운이 좋은 사람이 그것을 분양받게 되는데, 운 또는 불운이 사람들의 처지를 좌우하게 만드는 것은 바람직하지 않다. 더 큰 부작용은 10억 원에 거래될 아파트를 8억 원만 받으라고 규제하면 건설 회사들이 수지 타산을 맞추려고 주택의 품질을 낮추거나 수익성이 좋은 다른 사업으로 눈길을 돌리기 때문에 양질의 주택 공급이 줄어드는 것이다. 공급량이 줄어들면 주택의 가격이 상승하게 된다. 공급량이 줄어서 전반적으로 주택 가격이 상승하는 데다 분양가 규제를 받지 않고서 지은 아파트의 품질이 분양가 규제를 받고서 지은 것보다 낫다는 평판이 그렇게 만든다. 주택 가격을 안정화시키려고 시행하는 규제가 주택 가격의 상승을 부추기는 결과를 낳는다.

다른 사례로서 시중 이자율이 연 2%인데 서민을 보호하겠다면서 은행더러 1,000만 원까지의 소액 정기예금에 대해서는 연 10%의 이자를 주라고 강제하면 어떻게 될까? 그런 정책이 나오자마자 돈을 맡기려는 사람들로 은행이 문전성시를 이룰 것이다. 그들 중에는 은행마다 1,000만 원씩 쪼개서 예금하려는 부자들도 있을 것이다. 그런데 은행들은 그렇게 높은 율의 이자를 주고서도 무사할 수 있을까? 높은 이자를 주다가 문을 닫는 사태를 방지하려면 대출이자율을 높이는 수밖에 없을 것이다. 그렇게 되면 연 2%이던 시중이자율이 상승하면서 금융기관에서 돈을 빌리던 사람들이 전보다 더 큰 금융비용을 부담하게 된다. 이는 십중팔구 경기위축을 초래한다.

규제는 거의 예외 없이 부작용을 낳는다. 그런데도 규제가 바람직하다고 믿는 사람이 많다. 규제정책에 영향을 미치는 정치인과 규제를 집행하는 관리가 그것을 선호하는 것은, 비록 그것이 옳은 일은 아니더라도, 그들이 그렇게 하는 까닭을 이해할 수 있다. 그러나 규제로 인해서 커다란 손해를 보게 되는 규제대상자 즉 피 규제자가 그러한 조치를 반기는 것은 이해하기 쉽지 않다. 시장의 자율보다는 정부의 명령과 통제를 선호하고 당장의 이익만 생각하는 경제근시가 그런 결과를 낳는 것으로 보인다.

《국가는 왜 실패하는가?》

대런 애쓰모글루 · 제임스 A. 로빈슨, 최완규 옮김

가난과 부정부패, 교육의 실패로 고통받는 '실패한 국가'들의 전철을 밟지 않기 위한 설득력 있는 통찰. 로마부터 현대 미국까지, 세계 역사에 대한 깊은 연구를 바탕으로 실패한 국가와 성공한 국가의 결정적 차이를 분석한다.

《청소년을 위한 경제의 역사》

니콜라우스 피퍼, 알요샤 블라우 그림, 유혜자 옮김

'인류 최초의 직업은 무엇일까?' '노예제도는 경제에 도움이 되었을까?' 등 역사를 뒤바꾼 34가지 경제 이야기를 통해 고대와 중세의 경제 활동과 자본주의 성립 및 발전과정, 세계경제의 미래를 한눈에 볼 수 있게 한다.

《슈퍼 괴짜경제학》

스티븐 레빗 · 스티븐 더브너, 안진환 옮김

마약 판매상, KKK단, 범죄율 통계 등 독특한 소재들 안에 놀라운 경제 원리가 숨어 있음을 보여주는 '괴짜경제학'. '세상은 인센티브로 움직인다'는 명제와 '인센티브의 원리를 가로막는 외부효과'라는 주제로 경제학의 난제들을 풀어낸다.

《생각에 관한 생각》

대니얼 카너먼, 이창신 옮김

'행동경제학'의 창시자이자 심리학자 최초로 노벨경제학상을 수상한 대니얼 카너먼의 기념비적 저작. 경제와 사회활동의 주체인 개인의 판단과 의사 결정에 심리학적 요인이 미치는 영향을 탐구한다.

《죽은 경제학자의 살아있는 아이디어》

토드 부크홀츠, 류현 옮김

하버드대 '최우수강의상'에 빛나는 토드 부크홀츠의 유머러스하고 파격적인 경제학 특강. 애덤 스미스의 국부론부터 대니얼 카너먼의 행동경제학까지, 경제학의 진화과정을 통찰력과 재치 있는 입담으로 풀어낸다.

《경제학 콘서트》

팀 하포드, 김명철 옮김

스타벅스 커피, 슈퍼마켓, 교통 체증 등 일상적인 사례를 통해 희소성, 내부정보, 효율성, 시장의 힘, 게임이론 같은 경제학의 주요 내용을 쉽고 자세하게 알려준다.

《모든 것의 가격》

에두아르도 포터, 김홍래·손민중 옮김

우리가 쓰는 물건과 서비스의 가격은 어떻게 존재하고, 책정되며, 우리에게 어떤 영향을 미칠까? 사회학·경제학·심리학적 논거를 통해 가격의 메커니즘과 역할을 탐구한다.

《인생경제학》

한순구

인생을 현명하게 살기 위한 경제학자의 제안. 경기 침체와 무기력한 정치 상황에서 인생을 낭비하지 않고 효율적으로 살아가는 데 필요한 문제 해결법을 25가지 경제 이론으로 설명한다.

《선택할 자유》

밀턴 프리드먼, 민병균 옮김

자유주의 시장경제의 수호자이자 시카고학파를 이끈 거두 밀턴 프리드먼의 걸작. 국제무역, 통화, 복지, 평등, 교육 등 세상의 모든 분양에서 시장원리의 중요성을 설파한다.